# COMPTE-RENDU

## DU PROCÈS

### DES CITOYENS

## J. MIOT, H. PELLAULT, A. ROUET
## ET E. REGNAUDIN.

#### A RAISON

D'un écrit sur le régime de détention infligé dans la prison de
Nevers, au citoyen Malardier, représentant du Peuple.

## Cour d'Assises de la Nièvre.

Audiences des 19 et 20 Février 1851.

## NEVERS
### IMPRIMERIE DE REGNAUDIN-LEFEBVRE.

## 1851.

# PROCÈS

DES CITOYENS

## J. MIOT, H. PELLAUT, A. ROUET & E. REGNAUDIN.

Les citoyens Miot et Pellault, membres du conseil général de la Nièvre, avaient adressé de vaines réclamations à M. le préfet Petit de Lafosse pour qu'il autorisât le représentant du peuple Malardier dont l'état s'aggravait chaque jour en prison, à y recevoir les visites d'un médecin de son choix.

Dans la séance du 5 août ils voulurent, portant leur plainte au sein du conseil général, mettre ce conseil en demeure de se prononcer sur le régime de détention infligé sous le bon plaisir de M. le préfet au citoyen Malardier. Ils exposèrent que ce détenu politique subissait en prison un traitement beaucoup plus rigoureux que celui auquel on assujétit les malfaiteurs ; qu'il y était privé d'air et arbitrairement livré aux effets meurtriers d'une sequestration presque absolue ; que mis au cachot à la suite d'une altercation qu'il avait eue avec M. le préfet il y était resté enfermé trois jours et trois nuits, et que sous l'impression d'un pareil régime, la santé du prisonnier s'était gravement altérée. Ces faits furent déposés par les citoyens Miot et Pellault dans une proposition écrite où ils demandaient que le conseil général en fît l'objet d'un blâme énergique.

Cette proposition donna lieu à une séance des plus

orageuse, la lecture en fut couverte par les clameurs de la majorité, et l'on put entendre au milieu du tumulte une voix qui était celle du président de l'assemblée crier à pleins poumons : *allez chercher les trompettes du régiment.*

Le citoyen Rouet qui, absent lors de cette séance, n'avait pu y prendre part, s'empressa d'écrire à ses collègues Miot et Pellault pour déclarer s'associer de cœur à la proposition dont ils avait saisi le conseil général et pour en revendiquer la solidarité.

Les auteurs de la proposition ne crurent pas qu'entre eux et la majorité du conseil général la question fut vidée en dernier ressort ; ils estimèrent qu'il était de leur devoir d'en appeler par la voie de la presse à la juridiction souveraine de l'opinion publique. Une brochure contenant le texte de la proposition et le compte-rendu de la séance du 5 avril, fut imprimée et le dépôt en fût effectué suivant les prescriptions de la loi.

Mais avant toute publication et sans attendre même l'expiration des délais, le conseil général, sur la proposition de M. le préfet Petit de Lafosse, formulait contre les citoyens Miot, Rouet et Pellault une plainte adressée au procureur de la République et demandaient que l'écrit fût poursuivi comme contenant un compte-rendu calomnieux et infidèle.

C'est sous cette inculpation que les trois prévenus comparaissaient le 19 février devant la cour d'assises de la Nièvre.

L'initiative prise en cette occasion par M. le Préfet, et par la majorité du Conseil général ne manquait, il faut le reconnaître, ni de profondeur ni d'habileté.

Faire avorter par la saisie de l'écrit la publicité d'un compte-rendu, reproduction fidèle de cette séance du 31 août, où ni la majorité du Conseil général, ni M. le Préfet ne pouvaient se flatter d'avoir pour eux les sympathies de l'opinion, — c'était beaucoup sans doute, mais ce n'était pas tout encore : — en sollicitant des poursuites on avait visé plus haut et plus loin.

Par des causes que nous n'avons pas à expliquer ici, la dernière loi sur le jury a donné des résultats peu favorables à l'esprit nouveau de nos institutions, et dans ce pays comme sur quelques autres points de la France, les listes des jurés, dressées par les commissions cantonales, ont rarement représenté l'opinion de la majorité des citoyens. Les procès de presse intentés jusqu'ici en ce pays par la réaction, n'avaient été pour elle qu'une série de faciles triomphes, et malgré le peu de fondement de l'accusation, il était permis cette fois encore de croire au succès.

Or, la condamnation des citoyens Miot, Rouet et Pellault, c'eût été l'approbation éclatante du régime de détention infligé au citoyen Malardier, c'eût été la glorification de M. le préfet Petit de la Fosse et de la majorité du Conseil général. — On frappait en outre du même coup deux représentants du peuple ; on frappait d'une sorte de déchéance morale le verdict de 40 mille électeurs.

Aussi ce procès avait-il justement ému l'opinion publique.

La réaction comprenait quelle serait la portée d'une défaite, et avait mis tout en œuvre pour obtenir une condamnation. M. le procureur-général était venu drapé dans sa robe rouge, occuper lui-même le siège du ministère public, — craignant de laisser à d'autres les péripéties de la lutte et les honneurs du triomphe.

L'autorité avait déployé à l'occasion de ce procès un luxe de mise en scène à faire croire qu'il s'agissait de juger de grands criminels d'État. Pour mettre Nevers sur le pied de guerre et avoir une armée sous la main, on avait demandé des renforts de troupes de toutes parts. La place du Palais de Justice était occupée militairement : un cordon de sentinelles en barrait les issues et des charges de cavalerie refoulaient jusque dans les rues adjacentes les flots d'une population émue. A ne juger des dispositions du peuple de Nevers que par ce ridicule appareil de forces militaires, on eût cru à l'imminence d'une guerre civile.

A côté du drame judiciaire, il y avait le drame de la place publique ; et tandis qu'à l'intérieur de la salle du Palais de Justice les citoyens Crémieux et Bac passionnaient sous la puissance de leur parole un auditoire convaincu et charmé, — au dehors le peuple calme et fier dans son anxiété muette, n'opposait partout à des provocations insensées qu'un implacable dédain !

Le peuple comprenait que dans le procès qui allait se juger il s'agissait de sa propre cause.

Aussi n'a-t-il pu contenir l'explosion de sa joie en apprenant le verdict du jury, et a-t-il, à leur sortie de la cour d'assises, salué les prévenus et leurs éloquents défenseurs d'une acclamation immense !

La signification morale de ce verdict n'a échappé à personne.

Le vrai crime des prévenus c'était d'avoir, — troublant dans sa quiétude M. le préfet Petit de la Fosse, — appelé sur le régime du bon plaisir appliqué dans l'intérieur des prisons, la lumière d'une importune publicité. — Suivant la majorité du Conseil général, ils avaient eu tort de se plaindre ;

Suivant le jury, ils ont eu raison !

Mais le côté le plus saillant de ce procès a été l'attitude du peuple de Nevers. Les ennemis de la démocratie ont pu se convaincre une fois de plus, à cette attitude formidable, que la République n'est pas encore, grâce au ciel ! condamnée à succomber, — et que la vile multitude est aujourd'hui disposée moins que jamais à signer son abdication.

Michel-Ange PERIER.

# COUR D'ASSISES DE LA NIÈVRE.

—

Présidence de M. Delarue.

—

AUDIENCE DU 19 FÉVRIER 1851.

—

*Affaire des citoyens Miot, Rouet, Pellault et Regnaudin.*

———

Dès la veille, l'annonce de ce procès avait attiré dans la ville
de Nevers un grand concours d'étrangers au département :
tous les cantons avaient envoyé des délégués. L'autorité avait
cru devoir faire un déploiement de force inusité. Un peloton
d'infanterie était caserné dans la salle du Théâtre, voisin du
palais de justice.

L'audience est ouverte à dix heures.

M. le procureur-général siége en robe rouge.

Mes Crémieux et Th. Bac, représentants du peuple, sont au
banc de la défense.

Un public privilégié a été introduit dans la salle. Le président ordonne l'ouverture des portes. Vingt à trente citoyens se
précipitent dans la salle, mais aussitôt les portes sont refer-
mées.

Un grand bruit se fait entendre sur la place ; on entend des
cris de « vive la République ! » Le procureur-général et le président donnent des ordres au capitaine de gendarmerie et au
commissaire de police. Nous croyons comprendre qu'on va
faire évacuer la place entière.

Avant le tirage du jury, M. le président demande si les accusés sont d'accord sur les récusations qu'ils ont à exercer.

*Le cit. Regnaudin.* Je vous fais observer, M. le président,
que j'ai formé, dans les délais voulus, mon pourvoi devant la
cour de cassation contre l'arrêt de la chambre des mises en
accusation, et que mon intention est de prouver qu'il n'y a pas
eu publicité de l'écrit incriminé. Je ne puis donc assister au
tirage du jury.

La cour, sur les conclusions conformes du procureur-général, rend un arrêt qui met le citoyen Regnaudin hors de cause,
et dit qu'il sera passé outre aux débats.

Après le tirage du jury, le greffier donne lecture de l'acte d'accusation.

Vu toutes les pièces de la procédure, dont il a été donné lecture par le greffier, en présence de M. le substitut, et tous les deux s'étant retirés après les avoir déposées sur le bureau ;

Vu les réquisitions écrites de M. le substitut, également laissées sur le bureau, lesquelles tendent à ce qu'il plaise à la Cour dire qu'il y a prévention snffisamment établie contre les sus-nommés et les renvoyer par-devant la Cour d'assises du département de la Nièvre, pour y être jugés conformément à la loi ;

Après avoir délibéré sans désemparer, considérant qu'il résulte de l'instruction, charges et indices suffisants, que les prévenus se seraient rendus coupables des faits qui leur sont impulés,

La Cour déclare qu'il y a lieu à poursuites contre :

1° Miot, Rouet et Pellault, comme suffisamment prévenus

D'avoir, au commencement de septembre mil huit cent cinquante, à Nevers, dans la deuxième et troisième partie d'un écrit intitulé : Visite des prisons de Nevers, écrit commençant par ces mots : *Les conseillers généraux*, et finissant par ceux-ci : *Mon nom à côté des vôtres*. Rouet, *représentant du Peuple et conseiller général*, ledit écrit, imprimé à Nevers, chez Regnaudin, et qu'ils ont publié ou fait publier; spécialement dans le passage de la deuxième partie, commençant par ces mots : *Arrivé à cette partie du récit*, et finissant par ceux-ci : *Le président lève la séance ;* — dans un autre passage de la même partie, commençant par ces mots : *Nouvelle explosion*, et finissant par ceux-ci : *A poursuivi sa lecture jusqu'au bout ;* — dans un troisième passage, commençant par ces mots : *Mais nous craignons*, et finissant par ceux-ci : *Réunir tous les partis;* — Enfin, dans la troisième partie, commençant par ces mots : *Lettre du citoyen Rouet*, et finissant par ceux-ci : *Mon nom à côté des vôtres*. Rouet, *représentant du Peuple et conseiller général*, PUBLIQUEMENT diffamé le Conseil général de la Nièvre;

2° Regnaudin, comme suffisamment prévenu d'avoir, à la même époque, au même lieu, imprimé l'écrit dont il s'agit, sachant ce qu'il contenait, et de s'être ainsi, en aidant avec connaissance les auteurs du délit sus-qualifié dans les faits qui l'ont préparé, facilité ou consommé, rendu complice de ce même délit

Faits prévus et punis par les articles 1, 13, 14, 24 de la loi du dix-sept mai mil huit cent dix-neuf, 5 de la loi du 25 mars 1822 et 60 du code pénal.

Renvoie en conséquence François-Jules Miot, Alexandre Rouet, Jean-Pierre-Henri Pellault, et Edouard-Jean-Baptiste-Pierre Regnaudin, par-devant la Cour d'assises du département de la Nièvre, qui tiendra ses séances en la ville de Nevers, pour y être jugés conformément à la loi.

Il donne ensuite lecture de la brochure incriminée.

# VISITE

DES

## Prisons de Nevers.

*Et proposition au conseil général de la Nièvre par les conseillers généraux J. Miot et H. Pellault, à raison du régime de détention infligé au citoyen Malardier, représentant du peuple.*

———

Les conseillers généraux du département de la Nièvre soussignés,

Après une première tentative sans résultat, pour visiter la maison d'arrêt de Nevers, dont l'entrée leur était refusée par le gardien en chef, sous le prétexte qu'ils n'étaient pas munis d'une autorisation délivrée par M. le préfet Petit de la Fosse ;

Ayant exposé ce refus au Conseil général, et le Conseil général ayant reconnu que les soussignés, agissant en vertu du mandat dont il sont revêtus, n'avaient besoin d'aucune autorisation pour remplir les devoirs attachés à l'exécution de ce mandat ;

Sur l'ordre donné par M. le préfet Petit de la Fosse au gardien de ladite maison d'arrêt, d'y laisser pénétrer librement les membres du Conseil,

Se sont transportés, aujourd'hui 30, dans la prison de Nevers,

Et s'étant fait conduire auprès du citoyen Malardier, représentant du peuple, actuellement détenu dans ladite prison à raison d'une condamnation pour délit de presse,

Ont appris, avec une émotion douloureuse :

Qu'absolument sequestré depuis près de quatre mois et privé de toute communication avec ses amis, qui demandent en vain la permission de le voir ;

Qu'enfermé sous les verroux de sa cellule dont il ne sort que demi-heure matin et soir pour respirer un peu d'air,

Ce prisonnier, qu'à défaut de sa qualité de Représentant, la nature même de sa condamnation devait à elle seule entourer de certains égards, non moins commandés par l'usage que par l'équité, subit une détention beaucoup plus dure que celle faite aux assassins et aux voleurs, par le régime ordinaire de la prison.

Que de plus, il y a environ quatre mois, M. le préfet Petit de la Fosse, vint visiter dans sa cellule le citoyen Malardier : que se passa-t-il entre eux ?..... Ce qui fut dit dans cet entretien se a sans doute redit plus tard : M. le préfet sortit, et à partir de ce moment, non-seulement le citoyen Malardier fut mis au secret le plus absolu, mais il se vit traîner dans un cachot où on le laissa trois jours et trois nuits.

Pourquoi cette aggravation de peine ? pourquoi ces tortures du supplice cellulaire infligées à un écrivain, à un Représentant du peuple ?...

La santé du prisonnier leur parut gravement altérée, car dans l'horreur des cachots, si l'âme garde sa force, le corps des prisonniers peut s'affaiser sous l'étreinte du bourreau.

Frappés de la nécessité d'appeler un médecin sans nul retard, les soussignés ont demandé que le citoyen Malardier fût à l'instant visité par le docteur David qui leur était désigné par la confiance du malade. Mais il leur a été répondu par le gardien que ce médecin ne pouvait être admis à donner ses soins au prisonnier que sur une autorisation expresse de M. le préfet Petit de la Fosse.

M. le Préfet, interpellé au Conseil général, par l'un des soussignés, sur le point de savoir s'il autorisait ce médecin à voir le malade qui réclamait ses secours, a répondu avec un beau calme qu'il ajournait sa décision au lendemain.

Ces violences envers un condamné pour délit d'opinion, ne sont pas seulement un défi jeté à tous les écrivains indépendants, une injure au département qui a donné à Malardier 36,000 suffrages, une offense à nos mœurs qui, depuis longtemps, grâce au ciel, ont rangé les délits politiques dans une catégorie à part, et qui ne souffriront jamais qu'on soumette l'écrivain condamné à un régime plus dur que le meurtrier et le faussaire !

Elle est une violation de la loi qui, en prononçant l'emprisonnement, n'a entendu y ajouter, comme accessoires, ni le secret, ni le régime cellulaire, ni le cachot !

En conséquence, les soussignés signalent ces faits à la sollicitude du Conseil général, et demandent qu'ils soient de sa part l'objet d'une énergique protestation.

Ils espèrent que le Conseil général ne voudra point, par son silence, en accepter la triste solidarité.

Après ce premier devoir accompli, et quelle que soit la décision du Conseil général, les soussignés auront un autre devoir, celui de dénoncer de pareils faits au jugement du pays.

Nevers, 30 août 1850.

*J. MIOT, Représentant du peuple, conseiller général;*

*H. PELLAULT, Conseiller général.*

## Extrait

*Du compte-rendu des séances du conseil général (1).*

### Séance du samedi 31 août 1850.

Au commencement de la séance, le conseil entend plusieurs rapports de peu d'intérêt : l'un d'eux présenté par le citoyen Archambault, donne lieu à un incident regrettable, puisqu'il a attiré sur ce conseiller général un rappel à l'ordre, le premier, comme il l'a dit lui-même avec émotion, qu'on ait cru devoir lui infliger depuis 20 ans qu'il siège dans notre assemblée départementale. Malgré cet acte de sévérité, et la vive opposition du président, le citoyen Girerd obtient de la majorité le renvoi à la commission des conclusions présentées par le citoyen Archambault.

Après ces diverses discussions, le citoyen Miot interpelle M. le Préfet pour savoir s'il a autorisé le docteur David à visiter le citoyen Malardier dont l'état inspire à ses amis de vives inquiétudes. (Mouvement d'attention.)

M. le Préfet répond qu'il résulte du rapport de M. Leblanc, médecin ordinaire de la prison, que M. Malardier n'est point malade, et qu'il n'a pas de raison pour penser qu'il en soit autrement ; M. Malardier, dit-il, a, il est vrai, été indisposé depuis peu, mais grace aux soins de M. Leblanc, il est aujourd'hui parfaitement rétabli : si son état devenait jamais inquiétant, le médecin de la prison serait autorisé, sans aucun obstacle, à s'adjoindre tout autre médecin de son choix. Il résulte encore, dit M. le préfet, de la déclaration de M. Leblanc, que M. Malardier a en ce médecin la plus grande confiance, et que s'il a exprimé le désir de voir M. David, il n'insiste plus maintenant à cet égard.

Le citoyen Miot répond que s'il était vrai que le citoyen Malardier, chose qu'il ne saurait admettre, eût, ainsi que le dit M. le préfet, changé d'avis du jour au lendemain et abandonné le projet d'apppeler un médecin dont il jugeait les services indispensables, cette versatilité dans ses pensées, prouverait précisément la gravité de l'état où il se trouve.

Après cet incident, le citoyen Miot donne lecture de la proposition présentée, tant en son nom qu'au nom de son collègue, le citoyen Pellault, au sujet du régime pénitentiaire que l'administration a cru devoir infliger au citoyen Malardier, représentant du peuple, détenu dans les prisons de

---

(1) Ce compte-rendu, recueilli par la rédaction du journal le *Peuple*, sera complété dans les premiers numéros de ce journal.

Nevers pour délit de presse ; proposition dont nous avons plus haut publié le texte.

Arrivé à cette partie du récit où les auteurs de la proposition racontent, avec une saisissante émotion, que le représentant Malardier a été, comme un vil malfaiteur, traîné dans un cachot, où il est demeuré enfermé pendant trois jours, la majorité trépigne d'impatience et témoigne, par ses murmures, le désir de ne pas en entendre davantage : de nombreuses voix demandent l'ordre du jour. Le citoyen Miot insiste pour être entendu et s'étonne qu'on veuille ensevelir, sous un ordre du jour, une question d'humanité, avant même d'avoir entendu: on étouffe un homme derrière les murs d'une prison, s'écrie-t-il, et vous voulez que je me taise !... (Une explosion de murmures se fait entendre. — La minorité s'efforce d'obtenir le silence ; les interpellations se croisent en tous sens. Violent tumulte ; le président lève la séance.)

Après une demi-heure d'attente, la séance est rouverte. Le citoyen Miot demande à reprendre sa lecture interrompue. L'ordre du jour est demandé de nouveau par plusieurs membres de la majorité et vivement combattu par les citoyens Pellault et Girerd Le citoyen Miot est autorisé à continuer la lecture de sa proposition.

Mais à peine a-t-il parlé un instant, que les interruptions recommencent avec un nouveau degré de violence. Le préfet se lève et la majorité fait silence : Il déclare que tout ce qui s'est fait en prison, s'est fait par ses ordres et qu'il en revendique la responsabilité : « Vos discours ne m'ont nullement ému, s'écrie-t-il, en s'adressant directement au citoyen Miot. » — « Je vous plains, M. le préfet, si, dans un tel moment, vous n'éprouvez aucune émotion , reprend vivement le citoyen Miot. »

Le citoyen Miot continue sa lecture. — Nouvelles interruptions.

Le président exprime l'avis que le conseil général est incompétent pour connaître de la proposition qui lui est soumise. Le citoyen Pellault dit que la question de compétence ne peut pas être élevée quant à présent : qu'elle ne peut l'être que sur les conclusions de cette proposition, conclusions que le Conseil général ne connaîtra que s'il écoute la proposition jusqu'à la fin.

Après ces observations, présentées avec beaucoup de calme, malgré une orageuse opposition, le citoyen Pellault reprend la lecture au point où elle a été laissée par le citoyen Miot.

Nouvelle explosion parmi les membres de la majorité : plusieurs frappent à coups redoublés sur le bureau : « *Allez chercher les trompettes du régiment,* » crie une voix ; d'au-

tres battent la mesure à coups de pieds et à coups de chaises
sur le plancher ; le président déclare enfin, pour la deuxième
fois, qu'il lève la séance ; mais le citoyen Pellault, impassible
au milieu de cet orchestre à grand appareil, et luttant de toute
la force de ses poumons pour percer les notes discordantes
qui s'efforcent de couvrir sa voix, a poursuivi sa lecture jusqu'au bout.

Ainsi s'est terminée cette séance orageuse.

Un nombreux public se pressait dans la salle et a constam-
ment écouté avec une émotion calme et recueillie.

La discussion de la proposition n'a pas été l'objet d'un vote,
et devra nécessairement revenir à une prochaine séance pour
recevoir une solution.

Mais nous craignons que la majorité ne persiste dans la voie
où on l'a vue s'engager à propos d'une question d'humanité
qui, en France, devrait réunir tous les partis.

*Séance du dimanche.*

La salle des séances est ouverte à huit heures.

L'assemblée est nombreuse.

Avant la lecture du procès-verbal, M. le président donne
connaissance d'une demande de formation en comité secret,
signée de dix-sept membres du Conseil.

En conséquence, on fait évacuer la salle au public, qui se
retire sans bruit.

### Lettre du citoyen Rouet aux citoyens Miot et Pellault.

CITOYENS,

Je n'ai pu assister à la séance du 31. Vous savez que j'étais
appelé à Paris. — Je le regrette, car j'aurais pris ma part de
la lutte que vous avez soutenue si noblement contre une majorité à ce point égarée, qu'elle s'associe à des actes de violence et de brutalité qui révoltent tous les sentiments d'humanité.

Je donne mon adhésion entière à votre manifeste, et je
tiens à honneur de voir mon nom à côté des vôtres.

ROUET,
*Représentant du Peuple et conseiller général.*

——

Après cette lecture, M. le président procède aux interroga-
toires.

*Interrogatoire du citoyen J. Miot, Représentant du peuple.*

*M. le président.* Comment vous appelez-vous ?

*Le cit. Miot.* Jules-François Miot.

*Le président.* Quel âge avez-vous ?

*Le cit. Miot.* 41 ans.

*Le président.* Quelle est votre profession ?

*Le cit. Miot.* Représentant du Peuple, demeurant à Paris, rue de l'Odéon, 38.

*Le président.* Vous reconnaissez-vous l'auteur ou l'un des auteurs de cet écrit intitulé : *Visite des prisons de Nevers par les citoyens Miot, Pellault et Rouet.*

Huissier, faites passer cette feuille au prévenu.

*Miot* prend le papier, et après l'avoir examiné il répond : je reconnais avoir écrit sur cette feuille ces mots bon à tirer et avoir signé au bas.

*Le président.* L'écrit incriminé contient trois parties : la première est une protestation signée par vous et Pellault et qui a été lue à la séance du Conseil général, vous en reconnaissez-vous l'auteur ?

*Miot.* Oui, M. le président : j'ai rédigé cette première partie, avec la collaboration de mon collègue Pellault, et je l'ai lue au Conseil général, en protestant de toute mon énergie contre la sévérité cruelle avec laquelle Malardier était traité dans sa prison, par ordre du préfet.

*Le président.* Vous reconnaissez-vous l'auteur ou l'un des auteurs de la seconde partie intitulée : *Compte-rendu de la séance du Conseil général, etc.?*

*Miot.* M. le président, votre question me prouverait que vous n'avez pas bien lu l'écrit, veuillez le relire avec attention, et je pense que vous ne m'adresserez plus de question sur cette seconde partie de l'écrit dont vous parlez.

*Le président.* Je vous prie de répondre catégoriquement à cette question : êtes-vous l'auteur ou l'un des auteurs de cette seconde partie ?

*Miot.* M. le président, je suis surpris, je vous le répète, de l'insistance avec laquelle vous m'adressez cette question : l'écrit incriminé est entre vos mains ; chacune de ses parties porte le caractère qui lui est propre. Cette seconde partie est un compte-rendu parfaitement exact de la séance du Conseil général ; j'ai peut-être tort de dire parfaitement exact, car il est un peu au-dessous de la vérité, il ménage la majorité du Conseil général, il ne dit pas tout le bruit, tout le tapage qu'ont fait nos collègues de la majorité. Maintenant lisez la note qui est au bas de la page, vous verrez que ce comptereudu a été recueilli par la rédaction du journal, et qu'il sera complété dans les premiers numéros.

*M. le président.* Vous avez mis bon à tirer à la fin des trois parties de l'écrit, et vous avez signé.

*Le cit. Miot.* Oui, monsieur, j'ai mis bon à tirer et j'ai signé, car je voulais ne laisser aucune responsabilité à l'imprimeur, et qu'ensuite j'avais l'intention de lui garantir son travail avant qu'il fût commencé. — Du reste, M. le président, le compte-rendu contient des éloges pour mes collègues Pellault et Rouet, et pour moi-même, je vous prie de me faire l'honneur de croire que je ne suis pas homme à faire mon panégirique et cela, surtout, à l'occasion des souffrances que Malardier subissait en prison.

*M. le procureur-général* reprend l'interrogatoire. Mais, monsieur, vous avez dit au bas de la première partie, que quelle que fût la décision du Conseil général, vous aviez un autre devoir à remplir, celui de dénoncer de pareils faits à la justice du pays, — vous aviez donc bien l'intention de donner une grande publicité à votre protestation.

*Le cit. Miot.* Oui, monsieur, j'avais l'intention bien arrêtée de dénoncer au public la conduite du chef de l'administration : mon intention même, à ce sujet, était d'interpeller le ministre de l'intérieur, afin de faire connaître à la France et au monde entier comment l'administration se conduisait envers un représentant du peuple, détenu pour délit de presse, et si on ne nous avait pas fait un procès, ces interpellations eussent eu lieu : je n'y ai renoncé que par ce motif que je ne voulais pas qu'on pût croire que j'interpellais le ministre afin de préparer mon acquittement, en cherchant d'avance à agir du haut de la tribune sur l'esprit de messieurs les jurés.

*M. le président.* Avez-vous eu connaissance de la lettre de M. Rouet avant qu'elle fût imprimée, c'est-à-dire, avez-vous contribué à la rédaction de la troisième partie?

*Le cit. Miot.* Monsieur, la lettre du cit. Rouet est signée de lui; il s'expliquera sur sa lettre qui n'est que l'approbation de notre conduite.

*Interrogation du citoyen Pellault, membre du conseil général,*

*Le président,* vos noms, prénoms etc.

*Le citoyen Henri Pellault*: Henri Pellault, avocat, membre du Conseil général de la Nièvre, âgé de 34 ans, né à Clamecy (Nièvre), y demeurant.

D. Monsieur Pellault, vous avez aussi signé la brochure poursuivie?

R. Oui, monsieur le président, parce que je croyais nécessaire de faire connaître au monde entier les infamies que nous croyions commises contre Malardier; j'ai envoyé ma protestation à M. de Girardin qui l'a insérée dès le lendemain dans la *Presse*.

D. Mais vous avez envoyé aussi le compte-rendu?

R. Non, monsieur le président, je n'ai envoyé que la protestation.

*Interrogation du citoyen A. Rouet, représentant du peuple.*

*Le président.* 3e prévenu, levez vous. Vos noms, prénoms etc.

*Alexandre Rouet* représentant du peuple, agé de 41 ans, né à Dornes (Nièvre).

D. Est-ce à Paris que vous avez connu ce qui s'était passé à la séance du conseil général du 31 août?

R. C'est à Nevers, par mes amis.

D. C'est donc de Nevers que vous avez écrit la lettre incriminée.

R. Oui M. le président.

D. Pourquoi avez vous écrit cette lettre, puisque vous n'assistiez pas à la séance où MM. Miot et Pellault avaient interpellé M. le préfet? vous aviez donc pleine confiance en eux.

R. J'avais d'abord entière confiance en mes amis, et je regrettais de ne pas m'être trouvé à la visite de la prison avec eux, et de ne pas avoir assisté à la séance du 31 août pour soutenir avec eux la discussion de cette grave affaire. Je savais aussi que mon malheureux ami Malardier souffrait dans la prison, je le savais par plusieurs lettres qu'il m'avait écrites; et dans une notamment il me demandait de faire des interpellations à la tribune de l'assemblée nationale, pour les traitements iuhumains et barbares auxquels il était soumis : ce sont ces causes, M. le président, qui m'ont fait écrire la lettre qui est incriminée.

Après l'interrogatoire des prévenus, il est procédé à l'audition des témoins.

Le citoyen MALARDIER, représentant du Peuple.

Il raconte que la chambre qui est désignée sur le plan de la prison comme promenoir, était au contraire un étouffoir; ainsi les fenêtres étaient fermées par de grands abat-jour, et la chambre a été occupée par un, par deux et puis par trois détenus. Au lieu d'aller librement dans le jardin, on ne me donnait que deux heures de promenade. A partir du moment où mes amis Miot et Pellault sont venus me voir, le préfet ne m'a plus accordé qu'une heure. Comme j'ai vu que je ne pourrais pas tenir à ce régime, et que je mourrais en prison, je me suis décidé à faire une protestation devant le conseil général ; je n'ai pu m'adresser au préfet, et voici pourquoi : c'est qu'il avait mis brutalement à la porte un de mes amis qui lui avait demandé la permission de venir me voir. En outre, le préfet était venu me voir ; je lui demandai pourquoi il osait venir, lorsqu'il avait défendu à mes amis de me visiter ; il me répondit que mes amis, et Jacob en particulier, était un polisson. Je lui répondis qu'il était un polisson lui-même, et je lui ordonnai de sortir ; il sortit, et à partir de ce jour, le régime devint plus sévère : je n'eus qu'une heure de promenade par jour. Du 10 au 13 on me mit au cachot, on me donna deux couvertures dans lesquelles je m'enfermai, et je me jettai sur la paille ; mais pendant la nuit on laissa les portes ouvertes, et je restai dans cet état pendant trois jours et trois nuits.

D. Quel était votre état de santé quand vous êtes entré à la prison ?

R. J'étais assez mal, et du reste cela se comprend puisqu'on m'a fait rester trois jours et deux nuits pour venir de Paris à Nevers, par un froid rigoureux.

D. Depuis combien de temps étiez-vous malade ?

R. Depuis dix ou douze ans, mais ma détention a augmenté ma maladie : j'étais resté quelquefois trois ans sans ressentir des douleurs.

D. N'avez-vous pas fait un geste menaçant au préfet ?

R. Je me suis contenté de frapper sur la table, parce que le préfet ricanait à mon nez d'une façon qni ne me plaisait pas.

D. Quel était l'état de votre santé à l'époque où vos amis Miot et Rouet sont venus vous voir ?

R. J'avais la fièvre, des maux de tête très-violents ; j'avais maigri, jauni, et mes amis s'en sont bien mieux aperçus que moi, car je ne me suis jamais bien soigné ; cependant j'étais tellement malade que je ne pouvais plus ni lire ni écrire.

D. Cependant ce n'était pas l'avis du docteur Leblanc.

R. M. Leblanc est venu me voir parce que je n'avais pu me faire visiter par le docteur David ; il a avoué devant moi que j'étais bien changé depuis ma séquestration, et puis il a fait un rapport dans lequel il a dit que j'avais eu seulement une indigestion ; je ne crois pas, moi, que c'était une indigestion.

D. N'avez-vous pas refusé de vous soumettre au traitement du docteur Leblanc ?

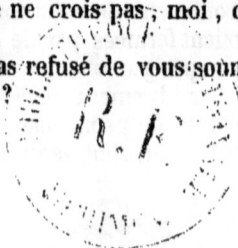

2

R. Non, m. n.ieur le président, puisque le docteur Leblanc m'a fait boire du laudanum.

*Le procureur-général.* Au moment de la scène avec le préfet, le concierge ne vous a-t-il pas menacé du cachot à cause des insultes que vous aviez adressées au préfet ?

R. Je sais qu'on m'a menacé d'une punition, mais je ne sais pas de laquelle.

*Le procureur-général.* Nous sommes allés vous visiter, étant en tournée officielle, et vous ne nous avez adressé aucune réclamation.

R. Je n'ai pas fait de réclamations à vous personnellement parce que je ne voulais faire que des protestations au grand jour.

PETIT DE LA FOSSE (Alphonse-Louis), âgé de 46 ans, préfet du département de la Nièvre.

Monsieur le président, les accusés devant sans doute, d'après les termes mêmes de l'écrit incriminé, chercher à établir que M. Malardier n'a pas été traité convenablement par l'administration durant le temps de sa détention à Nevers, vous jugerez sans doute convenable que je donne de suite à MM. les jurés les renseignements les plus circonstanciés.

Au mois de janvier 1850, M. le Ministre de l'intérieur m'écrivit que M. Malardier, représentant, condamné à un an de prison par la cour d'assises de la Nièvre, et qui était détenu à Paris depuis le 14 décembre, époque du rejet de son pourvoi devant la cour de cassation, serait transféré à Nevers, les condamnés devant subir leur temps de détention dans les départements où leur condamnation a été prononcée.

. . . . . . . . . . . . . . . . . . . .

En effet, ce ne fut, je crois, que le 25 mars, vers sept heures du matin, que M. Malardier fut amené dans mon cabinet par deux inspecteurs de la police de Paris. Je le fis conduire à la prison dans la chambre que j'avais fait préparer moi-même la veille à cet effet : j'avais choisi la plus convenable à tous égards.

Dans la journée, j'allai m'assurer de la manière dont M. Malardier était établi à la prison. Il me remercia de mes attentions, il alla même jusqu'à me dire : *Quelle différence avec Paris, où j'étais entre quatre murs et sans meubles ! Me permettrez-vous, Monsieur le Préfet, de recevoir mes amis dans ma chambre ?* Je lui fis remarquer que les condamnés ne devaient, aux termes du règlement sur le régime des prisons, recevoir leurs parents ou amis qu'au parloir et en présence des gardiens, mais que prenant en considération sa position et son désir, j'autoriserais, par exception, les visites dans sa chambre.

En moins de six semaines, je délivrai des permis de visites à trente-cinq personnes.

Cependant le gardien-chef m'avait prévenu qu'il s'apercevait que les visiteurs montaient la tête de M. Malardier, que j'aurais peut-être à regretter ma tolérance, qu'il serait bien étonné s'il ne finissait pas par quelque coup de tête.

. . . . . . . . . . . . . . . . . . . . . . .

Les prévisions du gardien-chef devaient se réaliser. Il avait eu raison en pensant qu'on ne cherchait qu'un prétexte pour faire du scandale.

. . . . . . . . . . . . . . . . . . . . . . .

Ici le témoin raconte fort longuement la scène de la prison, son entrevue avec le citoyen Malardier, et se plaint de la manière dont il a été reçu.

Il dit que le gardien-chef ayant cru devoir infliger 3 jours de cachot à Malardier, lui, préfet, a fait surseoir à l'exécution de cette peine jusqu'à ce que M. le Ministre en eût été informé.

M. le Ministre de l'intérieur m'écrivit le 9, que j'aurais dû faire infliger à l'instant même à M. Malardier la peine qu'il avait encourue. Plus la punition est rapprochée du délit, avait mis M. Baroche en post-scriptum à sa dépêche officielle, plus elle est efficace.

· Au reçu de cette dépêche, le 10 mai, je donnai l'ordre au gardien-chef de mettre M. Malardier pour trois jours au cachot. M. Malardier refusa de se soumettre : il fallut la présence de la force armée. En la voyant entrer dans sa chambre, il s'écria : *Des soldats! oseront-ils bien mettre un représentant du peuple au cachot*! Sur la réponse fort explicite du caporal du 18me d'infanterie, M. Malardier se rendit au cachot.

J'arrêtai, en outre, avec la complète approbation de M. le Ministre de l'intérieur, que M. Malardier serait privé de visites jusqu'au 1er juin, et qu'ensuite il n'en recevrait que conformément aux prescriptions du règlement, au parloir et en présence des gardiens.

L'huissier de la préfecture eut donc à répondre à tous ceux qui se présentèrent du 10 au 30 mai pour avoir des permis de visites, que je n'en délivrerais pas avant le 1er juin. Mais, chose remarquable, à compter du 1er juin, personne ne s'est présenté pour voir M. Malardier. Seulement, le 25 août, une personne qui demeure à 18 lieues de Nevers, se trouvant

ici par hasard, et ne connaissant pas probablement la résolution des amis de M. Malardier, vint me demander un permis que je lui donnai de suite. Il vit ce jour-là M. Malardier au
parloir.

Il est donc bien démontré que l'on sacrifiait ainsi M. Malardier au désir de faire croire que l'administration l'avait complètement séquestré, puisque avant sa mise au cachot, en
moins de six semaines, je le répète, on m'avait demandé
35 permis de visites, et qu'ensuite on ne m'en demanda
que deux, le 25 août et le 9 octobre, non compris les visites que MM. Miot et Pellault firent à la fin d'août, et dont
je vais parler tout à l'heure.

. . . . . . . . . . . . . . . . . . . .

Dès les premiers jours de la session du Conseil général, le
26 août M. Pellault, accompagné de M. Miot, se rendit à
mon insçu à la prison, pour visiter M. Malardier. Ces deux
messieurs s'étaient bien gardés de se munir d'une permission ;
ils ne faisaient partie d'aucune commission chargée d'inspec-
ter l'établissement, ils n'avaient aucun caractère officiel, aussi
la consigne leur fut-elle opposée, et ils ne purent parvenir
auprès de M. Malardier. De là, plainte contre le préfet au
Conseil général. Après avoir démontré au Conseil quels avaient
été, en cette circonstance, les torts de ces messieurs, je
leur donnai, sur leur demande, la permission d'entrer à la
prison.

Ici, messieurs les jurés, commence la gravité des faits im-
putés à MM. Miot et Pellault. Le gardien-chef vous dira comment tout d'abord, en sa présence, MM. Miot et Pellault voulurent persuader à M. Malardier, avant même de l'avoir entendu, qu'on exerçait envers lui des rigueurs extrêmes, qu'il
était malade et que son état exigeait les soins d'un autre médecin que celui de la prison, qu'il fallait absolument qu'il de-
mandât le docteur David. On ignorait alors que M. David
était le médecin de la préfecture : aussi, quand on a su plus
tard cette circonstance, a-t-on été moins empressé pour obtenir ses soins, tout en n'y renonçant pas de suite tout à fait.
Cela aurait été par trop frappant.

Comme cela se passait en présence du gardien-chef, conformément au réglement, on ne pouvait pas s'expliquer catégoriquement, et M. Malardier ne comprenait rien aux instances
dont il était l'objet. Il ne cessait de répondre qu'il se portait
bien, qu'il ne demandait que le repos, et qu'il les priait même
de ne pas s'occuper de lui.

Je n'en fus pas moins interpellé au Conseil général par
M. Miot, qui déclara que M. Malardier était malade, que le

régime qu'on lui faisait subir était de nature à aggraver son
état maladif, qu'on le séquestrait, qu'on allait même jusqu'à
lui refuser le choix de son médecin.

Bien que tous les reproches qui étaient adressés à l'administration ne rentrassent pas dans les attributions du Conseil
général, et fussent purement administratifs, et par conséquent,
du domaine de M. le Ministre de l'intérieur, je voulus éclairer
publiquement le Conseil général, attendu qu'on avait attiré
beaucoup de monde à la séance.

J'informai donc le Conseil, à la séance du 31 août, que
j'avais fait venir le gardien-chef, et que cet employé, digne
de toute ma confiance, m'avait positivement déclaré que
M. Malardier jouissait d'une bonne santé.

. . . . . . . . . . . . . . . . . . . .

Après les explications que je viens de reproduire tout à
l'heure, M. Miot répondit qu'un homme était sous les verroux; que cet homme était un représentant du peuple, que
sa santé était profondément altérée, que ses idées n'étaient
plus saines, et qu'il avait un ramollissement du cerveau. *Oui*,
s'écria-t-il, avec une grande véhémence : *je possède des con-
naissances médicales*, ET CE QUE VIENT DE DIRE LE PRÉFET,
PROUVE QUE MALARDIER A UN RAMOLLISSEMENT DU CERVEAU.
*Il subit un régime atroce, on le séquestre, on l'enferme
dans sa cellule. Je proteste contre les barbaries inouïes.....,
contre toutes les infamies qu'on fait endurer à Malardier,
que l'on traite comme les voleurs et les assassins..... Je
vais vous donner lecture de ma protestation..... Je fais appel
à l'humanité du Conseil général........*

Le Conseil général, profondément indigné, ne voulut pas en
entendre davantage.

Au bout d'une demi-heure, la séance fut reprise. Le président déclara que la question soulevée par M. Miot étant purement administrative, il y avait lieu de passer à l'ordre du
jour; mais cela ne fut pas possible. Au moment où un membre
allait faire un rapport sur une question d'intérêt local,
MM. Miot et Pellault interpellèrent le président, en l'accusant
de les priver de leur droit d'initiative. Après un débat animé,
le conseil décida que M. Miot pourrait faire connaître les conclusions de sa proposition. C'est alors que M. Miot, contraire-
ment à la décision du Conseil général, reprit la lecture de
son *factum*, malgré le président du Conseil.

Je ne saurais me rappeler toutes les expressions injurieuses
dont se servit M. Miot, mais je me souviens parfaitement qu'il
s'écria, en me fixant avec colère : *Que le citoyen Malardier
était en face d'un bourreau qui voudrait, avec une lâche*

*hypocrisie, étouffer en prison un représensant du peuple.* Ces injures soulevèrent encore l'indignation du Conseil.

L'ordre du jour fut demandé avec de vives instances : il fut adopté. MM. Pellault et Miot ne voulurent pas se conformer à cette décision.

Le président fut obligé de lever de nouveau la séance ; mais M. Pellault, la séance étant levée, se saisit du manuscrit et persista à le lire de toutes les forces de sa voix. On se sépara au milieu du tumulte causé par l'insistance de M. Pellault. Il serait impossible de dépeindre le sentiment de tristesse profonde laissé dans tous les esprits par les scènes faites au Conseil général par MM. Miot et Pellault.

. . . . . . . . . . . . . . . . . . . . .

Dès que l'écrit incriminé parut, au Conseil général il n'y eut qu'une voix parmi tous les membres présents pour en blâmer sévèrement les auteurs. Une commission fut nommée pour l'examiner avec maturité, et le conseil, conformément au rapport de sa commission, rapport dont il vous sera donné lecture, arrêta que cet écrit, étant injurieux et diffamatoire, serait déféré à la justice du pays.

Avant de clore sa session, le Conseil général se rendit en corps à la prison pour en connaître par lui-même le régime. Le Conseil n'a entendu aucune plainte de la part des détenus qu'il a pour la plupart interrogés. Le Conseil n'a eu, en outre, que des éloges à adresser aux employés de la prison pour le régime disciplinaire. Il y a loin de là aux accusations de barbarie dont l'administration se serait rendue coupable, et dont le Conseil général se serait fait le complice.

Je vais suivre l'état et la conduite de M. Malardier jusqu'au 14 décembre, jour de sa mise en liberté, après huit mois et demi de détention à Nevers.

Les débats établiront, sur les dépositions des médecins et des employés de la prison, qu'après comme avant la session du Conseil général, M. Malardier a joui d'une bonne santé jusqu'au 7 décembre.

Cependant, vers le commencement de novembre, M. Rochut, représentant, était venu me dire dans mon cabinet qu'il avait trouvé M. Malardier malade le 9 octobre, et qu'il désirait le revoir, mais cette fois, seul, sans la présence du gardien-chef. Je fis remarquer à M. Rochut que le règlement s'y opposait, et que j'avais trop à me reprocher de m'en être écarté dans les premiers moments de la détention de M. Malardier ; mais que je l'engageais beaucoup à revoir sans délai M. Malardier, lui donnant l'assurance que si son collègue se

plaignait devant les employés de la prison, je m'empresserais
de lui envoyer les médecins de son choix. M. Rochut refusa,
malgré mes instances, le nouveau permis de visite que je voulais lui remettre. Comme je suis ici pour dire la vérité telle
qu'elle m'apparaît à tous les points de vue, je suis convaincu
que M. Rochut aurait craint que M. Malardier ne déclarât de
nouveau, spontanément, comme il l'avait dit au mois d'août à
MM. Miot et Pellault, que sa santé était toujours bonne.

. . . . . . . . . . . . . . . . . . . . . . . . . . . . . . . . . .

. . . . . . . . . . . . . . . . . . . . . . . . . . . . . . . . .

Cependant, dans la dernière semaine de sa détention,
M. Malardier tomba malade. Il paraissait croire qu'on voulait
l'empoisonner; il refusait de prendre jusqu'aux tisanes prépa-
rées par les sœurs de la charité, avant que les gardiens y eussent goûté. Je déclarai aux employés que je renverrais à l'instant même ceux qui accèderaient à des exigences aussi injurieuses pour mon administration, pour les sœurs de charité et
pour eux-mêmes.

M. Malardier demanda M. David. Ce médecin, très-digne en
effet de confiance, mais aussi que l'on n'a pas tardé à éloigner
de M. Malardier, vous dira, messieurs, comment il s'est trouvé
dans le cas de dire à M. Malardier, le 11 décembre, après
deux jours de visites, qu'il ne reviendrait pas, puisqu'il refusait de suivre ses prescriptions en répondant toujours *qu'il fallait laisser agir la nature.*

Enfin, messieurs, M. Malardier sortit de prison le 14 décembre, à huit heures du matin, dans une voiture qu'il m'avait
fait demander la veille.

Quelques amis de M. Malardier, qui se trouvèrent à la porte
de la prison au moment où il en sortait, se plaignirent de ce
qu'il sortait trop tôt; ils auraient voulu sans doute l'accompa-
gner en plus grand nombre, jusqu'à sa demeure, et pour
cela il aurait fallu qu'il restât quelques heures de plus en
prison.

Il est du reste à remarquer qu'aucun de ses amis n'a demandé à le voir, bien que sa maladie, depuis huit jours, fût
publiée même dans les journaux. Il fallait, en effet, chercher
à faire croire jusqu'au bout que l'administration l'avait séquestré. M. Regnaudin-Lefebvre, qui se trouve ici, peut se
souvenir que peu de jours avant la sortie de prison de M. Malardier, il se plaignait de ce qu'on ne pouvait pas le voir, et
que le gardien-chef lui répondit qu'il avait tort de parler ainsi,
que le préfet ne refusait de permis de visites à personne.

M. Regnaudin aurait répondu : *C'est possible, mais je ne veux pas lui en demander* (1).

Je termine par un seul mot. Le certificat délivré par quatre médecins de la ville de Nevers, appelés par M. Malardier après sa sortie de prison, pour constater l'état de sa santé, porte qu'il est atteint d'une affection chronique des voies digestives, *qui remonte à douze années, suivant la déclaration même du malade.*

*Le président* : Prévenus, avez-vous quelques questions à adresser au témoin ?

*Le citoyen Miot.* Je demanderai à M. le préfet si M. Yon, commissaire de police près l'Assemblée nationale, n'était pas à Nevers pendant la session du conseil général.

R. C'est la première fois que j'entends parler de cela.

D. Je demanderai s'il n'est pas vrai que les conseillers généraux aient visité tous les prisonniers à l'exception de Malardier.

R. Les conseillers sont allés partout.

D. Même chez Malardier ?

R. Non, (ah!) je leur ai dit de venir le voir, mais ils ont refusé.

D. Je demande à M. le préfet, si pendant la session du Conseil général, il n'a pas refusé au docteur David la permission d'aller voir Malardier dans sa prison.

R. Non.

D. Je demande enfin, si M. le préfet ne m'a pas répondu que M. David n'irait pas voir Malardier.

R. Je n'ai pas répondu cela.

*M. le président.* Appelez le gardien chef de la prison.

*Me Crémieux.* Nous avons écouté attentivement la déposition de Malardier et celle de M le préfet, mais l'affaire de Malardier n'est pas celle de M. Miot, ni celle du conseil général ; il me semble que nous pourrions ne pas entendre les témoins assignés pour déposer sur les faits relatifs à la position de Malardier dans la prison.

*Le procureur-général.* Je comprends très-bien l'observation du défenseur, mais il y a aussi une chose bien évidente :,

---

(1) M. Regnaudin-Lefebvre était en effet présent à l'audience; mais M. le Préfet savait bien que Regnaudin n'était en cette cause ni comme accusé, puisqu'on avait disjoint sa cause, ni comme témoin, puisque le procureur-général avait refusé d'entendre sa déposition, M. le Préfet savait bien qu'il n'était pas possible de lui répondre.

*(Note de l'éditeur.)*

c'est que si Malardier n'est pas en cause, il est la cause du procès : sans lui il n'y aurait pas eu la protestation des préve-nus, le compte-rendu de la séance du conseil général, et con-séquemment pas de procès. Nous insistons pour que le gardien-chef soit entendu.

*Lutinier Louis*, âgé de 31 ans, gardien en chef des pri-sons de Nevers.

Ce témoin fait une déposition entièrement conforme à celle du préfet : les mêmes expressions s'y retrouvent dans plusieurs passages, l'analogie est complète. Au dire de Lutinier, Malar-dier a toujours été très-bien traité, il avait plutôt des domes-tiques que des gardiens, et lorsqu'on l'a mis au cachot on lui a fait une grâce en lui donnant deux couvertures : aux termes du règlement, il aurait dû coucher sur la paille. Le témoin croit que ce sont les citoyens Miot et Pellault qui ont monté la tête à Malardier, et qui l'ont engagé à se dire bien malade pour réclamer les soins du docteur David.

*Le citoyen Malardier* déclare que les faits allégués par le té-moin sont complètement erronés.

Me *Crémieux* : Pendant la session du conseil général, le té-moin a-t-il montré au préfet la lettre dans laquelle Malardier réclamait la visite du docteur David ?

R. Je ne la lui ai montrée que le lendemain.

*Les citoyens Leblanc, David et Senelle*, docteurs en méde-cine, sont entendus; ils déclarent unanimement que Malar-dier était atteint d'une maladie chronique, mais que le séjour de la prison lui a été funeste et l'a mis dans un état de maladie très-grave.

*Le citoyen Girerd Pierre-Joseph-Frédéric*, avocat à Ne-vers, est entendu ; il dépose en ces termes :

« Les faits dont j'ai été témoin se sont accomplis à diverses séances du conseil général.

» A une première séance, il y eut réclamation de la part de mes collègues Miot et Pellault ; elle était relative au trai-tement dont M. Malardier était l'objet dans la prison. Des explications furent données par le préfet, mais ces explications ne parurent pas satisfaisantes à ceux qui les avaient sollici-tées, et cet incident en amena un second beaucoup plus grave, à la séance subséquente. A celle-là une pièce écrite fut ap-portée, c'était la formule d'une proposition ; mais la propo-sition était précédée de considérations dont la lecture irrita une partie des membres du conseil. On posa la question de savoir si M. Miot avait le droit de saisir le conseil de sa proposition, ou si au contraire la parole pouvait lui être re-tirée. Je soutins le droit de la minorité, et je déclarai qu'à

mon avis M. Miot, avait le droit de lire sa proposition, sauf
au conseil à décider ensuite s'il en permettrait ou non les
développements et la discussion. C'est alors que la discussion
prit un caractère regrettable ; un grand tumulte s'éleva tout
à coup, et la séance fut levée. Je m'absentai quelques ins-
tants ; quand je revins, la séance était reprise. M. Pellault
voulut reprendre la lecture de la proposition, mais le tumulte
recommença et la dissolution de l'assemblée s'en suivit. »

D. Avez-vous connaissance du compte-rendu qui a été fait
de cette séance ?

R. Voici ce que je sais : A une des séances qui suivirent,
j'arrivai un peu tard ; néanmoins, on n'était pas encore en
séance, et je remarquai une grande émotion parmi mes collègues, réunis en assez grand nombre dans un des salons qui
précèdent la salle des séances On me montra l'écrit dont il
s'agit ; personne ne me dit, — ce que j'ai su plus tard, — que
cet écrit n'avait reçu aucune publicité, et que l'exemplaire
qu'on me montrait était l'un des exemplaires déposés par
l'imprimeur entre les mains du préfet. Je combattis cette proposition, au point de vue même de la dignité du conseil dont
j'étais aussi soucieux que qui que ce fût. Plusieurs de mes
collègues approuvèrent les motifs de ma résistance ; j'ai la
conviction aujourd'hui que si j'avais pu dire au conseil que
l'élément constitutif du délit, la publicité, manquait, j'aurais
été assez heureux pour empêcher le scandale d'un procès inutile. Malheureusement personne ne m'avait rien dit, pas
même M. Rouet, mon ami intime, presque mon parent, qui,
du reste, s'était retiré avant la discussion, ainsi que MM. Miot
et Pellault. Une commission fut nommée, et sur son rapport,
mais non sans hésitation, la majorité du conseil décida que la
plainte serait portée.

*Me Crémieux.* Je voudrais que le témoin eût un peu plus
de précision sur les faits mêmes du procès ; le procès roule
sur un compte-rendu ; je voudrais que le témoin nous dît si le
compte-rendu est exact.

Le compte-rendu dit ceci :

« Le citoyen Miot insiste pour être entendu et s'étonne
qu'on veuille ensevelir sous un ordre du jour, une question
d'humanité, avant même d'avoir entendu : « On étouffe un
homme derrière les murs d'une prison, s'écrie-t-il, et vous
voulez que je me taise !... » (Une explosion de murmures se
fait entendre. La minorité s'efforce d'obtenir le silence ; les interpellations se croisent en tous sens. Violent tumulte ; le président lève la séance. »

Cela est-il exact ?

R. Je puis répondre : Oui il y a eu une grande résistance de la part du Conseil, et cette résistance s'est manifestée très-vivement.

D. Comment ces paroles de M. Miot ont-elles été accueillies ? « On étouffe un homme derrière les murs d'une prison, et vous voulez que je me taise! »

R. Je n'oserais pas dire qu'elles ont été accueillies par de violentes interruptions, mais M. Miot a rencontré des résistances très-grandes, qui l'ont encore plus exaspéré ; sous ce rapport, le compte-rendu est exact, parfaitement exact.

D. Et ceci, est-ce exact ?

« Après ces observations, présentées avec beaucoup de calme, malgré une orageuse opposition, le citoyen Pellault reprend la lecture au point où elle a été laissée par le citoyen Miot.»

« Nouvelle explosion parmi les membres de la majorité : plusieurs frappent à coups redoublés sur le bureau. *Allez chercher les trompettes du régiment,* » crie une voix ; d'autres battent la mesure à coups de pieds et à coups de chaises sur le plancher ; le président déclare enfin pour la deuxième fois, qu'il lève la séance ; mais le citoyen Pellault, impassible au milieu de cet orchestre à grand appareil, et luttant de toute la force de ses poumons pour percer les notes discordantes qui s'efforcent de couvrir sa voix, a poursuivi sa lecture jusqu'au bout.»

R. Le tumulte a été très-violent : je ne puis indiquer les formes sous lesquelles il s'est produit ; quant aux paroles qui sont rapportées dans cette partie du compte-rendu, je ne les ai pas entendues, mais on me les a rapportées.

D. Je demande, pour terminer, si MM. Miot et Pellault ont demandé autre chose que de lire leur proposition.

R. Oh! pas autre chose.

Les citoyens Massé, ancien notaire ; Leblanc de Varennes, médecin ; Barrère, maître de pension ; Sylvain, tailleur ; Rosier, menuisier ; Fru, tailleur de pierre ; Delaunay, menuisier, et plusieurs autres témoins rendent compte de la séance du conseil général dans le même sens que le citoyen Girerd ; ils ajoutent seulement qu'ils ont très-distinctement entendu le président du conseil général s'écrier : « Allez chercher les trompettes du régiment.» Ils déclarent en outre que la minorité est restée calme au milieu des violentes exclamations des membres de la majorité.

*Le citoyen Fischer*, prote de l'imprimerie Regnaudin, dépose que le jour de la saisie de l'écrit incriminé, et avant qu'elle fût opérée, il a refusé, sur la recommandation formelle de son patron, de livrer des exemplaires à des personnes qui en demandaient, notamment au citoyen Bonneau-Lestang qui se trouvait par hasard à l'imprimerie, et qui, apercevant les brochures, désirait en emporter un exemplaire.

*Le citoyen Bonneau-Lestang* dépose qu'il assistait à la séance du conseil général du 31 août, et raconte les scènes tumultueuses de cette séance. Il confirme la déposition du précédent témoin, en ce qui touche sa visite à l'imprimerie Regnaudin, et la demande faite par lui d'un exemplaire de la brochure qu'il ne put obtenir.

*Le citoyen Ponsard*, conseiller de préfecture, cité à la re- quête du ministère public :

M. Pellault vint, avant l'ouverture de la session du conseil général, me voir dans mon cabinet, et nous eûmes une conver- sation ensemble : je demandai à M. Pellault s'il avait l'inten- tion de prolonger les discussions, comme l'année précédente, ou s'il voulait au contraire s'occuper sérieusement des affaires du département ; M. Pellault me répondit : ah ! vous croyez que je viens faire les affaires du département : je viens au con- traire pour les embrouiller.

D. Disait-il cela sérieusement ?

R. C'était d'un ton demi-sérieux.

D. Prévenu Pellault, avez-vous tenu ce propos ?

*Le citoyen Pellault* : Quand un secrétaire-général de pré- fecture se permet d'adresser à un conseiller général une ques- tion semblable, il serait par trop ridicule de prendre sa ques- tion au sérieux, et il faut bien lui répondre sur le même ton.

*Le témoin* : Je me trouvai quelques temps après, avec des conseillers généraux, MM. Doumet, Alexandre et autres, et je dis à ce propos : M. Pellault a tenu parole.

M. Pellault qui venait d'être écarté de la commission de l'enseignement dont il avait fait partie l'année précédente, était de fort mauvaise humeur et disait : j'ai une double guerre à faire contre la commission et contre le conseil général.

M$^e$ *Crémieux* : Pardon, mais il me semble qu'on s'écarte beaucoup du débat : le jury n'a pas à juger M. Pellault dans l'exercice de ses fonctions de conseiller général ; il n'est saisi que de l'appréciation d'un écrit.

*Le procureur général* : Nous reprochons aux prévenus un compte-rendu infidèle, mais nous allons plus loin, et nous voulons établir, telle est du moins notre prétention, sous l'ins- piration de quels motifs ce compte-rendu a été publié. Nous désirerions donc savoir de M. le préfet à quelles circonstances il attribue les dispositions hostiles de M. Pellault ?

*Le citoyen Petit Delafosse*, préfet : j'attribue ces disposition à une ambition déçue.

*Le citoyen Pellault* : C'est moi qui insisterai maintenant pour que M. le préfet s'explique tout à fait.

*M<sup>e</sup> Bac* au témoin : Vous en avez trop dit maintenant pour en rester là, expliquez-vous ?

*Le procureur général.* Nous ne voudrions ni agrandir ce débat outre mesure, ni l'envenimer, et peut-être y aurait-il inconvénient à aller plus loin. Toute réflexion faite, nous écarterons du débat cet ordre d'idées qui n'appartient pas essentiellement au procès.

*Le citoyen Ponsard* donne quelques détails sur la séance du 31 août à laquelle il assistait ; ces détails ne font connaître aucun fait nouveau.

*Le citoyen Achille Dufaud*, président du conseil général, cité à la requête du ministère public. — M. Miot avait annoncé, la veille de la séance du 31 août, que M. Malardier demandait les soins de M. David, médecin ; le préfet avait répondu qu'il recevait de la prison des rapports journaliers, et qu'aucun de ces rapports ne lui avait fait connaître que M. Malardier fût malade. Le lendemain, dès le commencement de la séance, M. le préfet fut interpellé à ce propos par M. Miot, et répondit qu'il avait interrogé le gardien-chef de la prison, qu'il avait même vu M. le docteur Leblanc, médecin de l'administration, et qu'il résultait de son rapport que M. Malardier n'avait eu qu'une légère indisposition résultant d'une indigestion dont il se trouvait maintenant complètement rétabli. M. Miot répondit à M. le préfet avec beaucoup de violence. M. le préfet dit qu'il ne pouvait, comme chef de l'administration, accepter un démenti, ni dans le fond ni dans la forme. M. le préfet reconnaît que M. Malardier avait été mis au cachot et privé de visites pendant un certain temps, mais c'était à raison de faits d'insubordination fort graves. M. Miot était revenu à la charge M. le préfet se vit obligé de déclarer que M. Miot, lors de sa visite à M. Malardier, et en présence du gardien-chef de la prison, aurait dit à M. Malardier : soyez sans inquiétude, le préfet ne tardera pas à prendre votre place, M. Miot demanda la parole de nouveau, et dit qu'il appelait l'attention du conseil sur une question d'humanité ; il lut un écrit dont les expressions étaient de plus en plus violentes, et qui causa une impression pénible. Divers membres firent observer qu'il ne convenait pas de laisser continuer cette lecture. D'autres prétendirent qu'on ne pouvait pas enlever à un conseiller général son initiative. La séance fut suspendue et reprise plusieurs fois. M. Pellault prit le manuscrit des mains de M. Miot et voulut en poursuivre la lecture d'autorité. Je dois ajouter que je n'ai pas reconnu l'exactitude des termes dans la publication qui a été faite plus tard de cet écrit ; je crois que dans le principe ces termes étaient encore beaucoup plus violents.

*Me Crémieux.* Le témoin aurait-il entendu ces mots qui auraient été dits par quelqu'un au milieu du tumulte : *Allez chercher les trompettes du régiment ?*

*Le témoin.* Est-ce avant ou après la levée de la séance ?

*Me Crémieux.* Après ou avant, c'est une autre question : le mot a-t-il été dit oui ou non ? voilà d'abord ce que je demande.

*Le témoin.* J'ai juré de dire la vérité, et je ne veux pas la dissimuler : c'est moi qui ai dit cela, mais je l'ai dit après avoir prononcé la levée de la séance, lorsque la plupart des membres du conseil étaient déjà levés, et que M. Pellault s'obstinait à poursuivre sa lecture.

Le témoin dit ensuite que le procès-verbal de la séance a été rédigé dans un esprit de conciliation et en vue d'effacer autant que possible des souvenirs irritants.

*Me Crémieux.* L'esprit de conciliation de MM. les membres de la majorité du Conseil s'est manifesté de deux manières : d'abord par la rédaction du procès-verbal, et en second lieu par le procès actuel. (Hilarité prolongée.)

*Les citoyens Goujard et de Bourgoing,* membres du Conseil général, cités à la requête du ministère public, déposent ensuite des mêmes faits; ils déclarent avoir pris part à la délibération par laquelle la majorité du Conseil général a provoqué des poursuites.

La liste des témoins étant épuisée, la parole est donnée à M. le procureur-général pour soutenir la prévention.

M. le procureur général s'exprime ainsi :

« Le Conseil général de la Nièvre était sur le point de clore sa session quand un incident des plus regrettables provoqué par deux des membres du conseil vint troubler le cours de ses travaux, et souleva dans son sein des orages inaccoutumés. Toutefois l'attitude du conseil général et la fermeté de son honorable président eurent bientôt mis fin à une agression sans cause.

Il ne serait rien resté de tout ceci qu'une plus grande

estime pour le conseil général et un blâme public pour une incartade que le conseil général ne demandait qu'à oublier.

Mais bientôt on fait imprimer pour le répandre un compte-rendu, calomnieux et infidèle, et un troisième membre du conseil qui n'assistait pas à la séance vint réclamer la solidarité de l'outrage.

» Or, il y a deux manières de répondre à l'outrage : le dédain et la réparation légale ; si le dédain peut suffir à des particuliers, la réparation légale devient pour les corps publics et surtout pour les corps électifs, la plus impérieuse des nécessités.

» Le conseil général de la Nièvre n'avait aucun goût à des représailles, mais ne pouvant rester sous le coup d'une accusation malveillante, il crut devoir saisir l'autorité judiciaire.

» Il faut donc que la justice dise son dernier mot dans cette affaire ; et ce mot, MM. les jurés, c'est à vous à le dire.»

M. le procureur-général s'efforce ensuite de prouver que le citoyen Malardier était traité en prison en véritable enfant gâté. S'il a été mis au cachot, puis séquestré dans sa cellule et privé de communiquer avec qui que ce soit, c'est pour avoir mis tous les torts de son côté dans une altercation qu'il a eue avec M. le préfet Petit de la Fosse qui était venu le visiter en prison. Il était privé d'air et de promenade, cela est vrai, mais il avait de sa fenêtre la vue d'un petit jardin et c'était quelque chose. Sa santé quoi qu'un peu frêle était bonne pourtant. En somme Malardier n'avait pas à se plaindre, et il n'y songeait même pas quand ses amis Miot et Pellault sont venus troubler sa satisfaction en lui persuadant qu'il manquait d'air et d'exercice et qu'il changeait à vue d'œil. Ce fut à partir de ce moment là seulement que le citoyen Malardier se crut malade.

Les plaintes portées au conseil général au sujet du régime de détention infligé au citoyen Malardier n'étaient donc pas fondées, le conseil général a bien fait de ne pas s'y arrêter et d'en croire M. le préfet sur parole.

M. le procureur-général s'explique parfaitement que pour dominer le tumulte, le président du conseil général, M. Dufaud, ait dit « allez chercher les trompettes du régiment », puisqu'à ce moment, suivant lui, la séance étant déjà levée : cette exclamation n'avait rien que de fort naturel.

M. le procureur-général s'étonne ensuite que le citoyen Miot ait fourni des explications au sein de la commission chargée d'examiner la demande en autorisation de poursuites, il n'était, suivant lui, ni convenable ni digne, de la part d'un représentant, de vouloir se soustraire à la juridiction commune.

La publicité de l'écrit résulte suffisamment, dit M. le procureur-général, soit de l'absence de 135 exemplaires de cet écrit sur les 500 exemplaires qui avaient été tirés, soit de l'intention exprimée dans le texte même de la proposition portée au conseil général, de donner à cette proposition la plus grande publicité.

Enfin, selon M. le procureur-général, l'inexactitnde du compte-rendu résulterait surtout de ce que cet écrit serait rédigé en vue d'exciter l'animadversion publique contre la majorité du conseil général, et de faire considérer ce te majorité comme complice des tortures les plus inhumaines, tandis qu'elle n'aurait fait suivant lui qu'user sagement de son droit en repoussant une proposition qui n'avait rien de fondé.

Après ce réquisitoire, l'audience est levée et remise au lendemain pour entendre les plaidoiries des défenseurs.

Le lendemain 20 février, l'affluence est plus grande encore que la veille ; la place du palais de justice est occupée militairement : Nevers ressemble à une ville en état de siège.

La séance est ouverte à 9 heures. — La parole est donnée aux défenseurs des accusés.

M⁰ CRÉMIEUX se lève, et s'exprime en ces termes :

*Me Crémieux.* Mon Dieu, messieurs les jurés, quelle dépense d'esprit et de talent a fait hier, pendant deux heures, M. le procureur-général, pour ne pas arriver au procès ! j'en étais profondément émerveillé : je me rappelais ces livres dans lesquels on représente tel ou tel philosophe à la recherche d'une position sociale ou d'une République qu'il ne trouve jamais, et il en était de même pour moi du ministère public qui s'épuisait à chercher une accusation introuvable. Je l'entendais toujours dire après bien des paroles et, quand il avait montré quelque nouvel aspect de la cause : « Mais ce n'est pas là l'accusation. » Il s'écriait encore : « Ce n'est pas là le procès ! »

C'est que M. le procureur-général ne veut pas que nous comprenions l'accusation ; il ne veut pas non plus que vous la compreniez, et la raison en est simple : si nous la comprenions vous et moi, messieurs les jurés, nous n'y verrions rien de sérieux : ce n'est qu'une ombre, elle échappe à la main qui veut la saisir.

En effet, d'après mon adversaire l'accusation n'est pas, à proprement parler, dans l'écrit qui est déféré au jury ; elle est dans l'intention qui a dicté cet écrit. Comment établit-on cette intention ? On dit :

« Pellault est arrivé à Nevers, non pas pour y traiter sérieusement les « affaires du département mais pour bouleverser le conseil général, et voi-« ci ce qu'il a imaginé : il est allé trouver Malardier, à qui il a dit : Vous « êtes malade, mon cher ami, croyez-le bien. Il a entraîné Miot, qui se « plaisait à suivre Pellault, et tous deux ont persuadé à Malardier qu'il « était malade ; ils l'ont engagé à réclamer un médecin dont il ne vou-« lait pas. Le lendemain, ils sont venus lui dire que c'était abominable « de refuser le secours d'un médecin ; alors, Malardier s'est décidé et « Miot et Pellault ont soulevé, dans le conseil général, tout le tumulte « que vous savez ; puis ils ont imprimé le résultat de leur tumulte. « Voilà pourquoi je demande une condamnation, dit le ministère pu-« blic, car c'est là le procès.

Mais non, le procès n'est pas là, il n'est pas là le moins du monde, et vous le savez bien ; il est dans la prétendue culpabilité de l'écrit, pas ailleurs, et c'est ce qui vous gêne. Vous savez bien d'ailleurs que toute cette combinaison entre Pellault, Miot et Malardier n'est qu'un rêve, qu'un effet d'optique, qu'un mirage. Cependant, je vais faire une grande concession. Je suppose que tout cela soit vrai ; je suppose que Pellault ne soit arrivé ici que dans la pensée de bouleverser le conseil général ; je veux bien qu'il ait eu cette incroyable illumination, oui : Il a persuadé à Miot qu'il fallait que Malardier fût malade, il a persuadé à Malardier qu'il était malade ; enfin Miot et lui sont venus soulever des orages dans le sein du conseil général... Tout cela est vrai, soit ; mais ni Pellault, ni Miot ne sont accusés de tout cela !... Et la raison en est fort simple, c'est que tout cela n'est pas un délit !

Si ces faits constituent des délits, je prierai le ministère public de me faire savoir dans quel texte de loi il les a vus.

Savez-vous de quoi nous sommes accusés, messieurs les jurés? Vous ne le savez pas. Ce n'est pas d'avoir persuadé à Malardier qu'il était malade; ce n'est pas d'avoir pris la résolution de troubler le conseil général; ce n'est pas d'avoir causé du tumulte dans ce même conseil. Nous sommes accusés, entendez-le bien, d'avoir publiquement diffamé les membres du conseil général, parce qu'il y avait eu dans le conseil général un tumulte violent et que nous en avons rendu compte.

Aussi, quand le ministère public avait développé tous ces textes d'accusation, il disait toujours : Ce n'est pas là le procès. Alors pourquoi plaider ainsi? Je vous l'avais bien dit : Vous ne plaiderez pas le procès ; vous êtes trop habile. Plaider le procès ! mais ce serait demander une condamnation pour une futilité, pour rien !

Mon devoir rigoureux est de vous ramener à l'objet pour lequel vous êtes sur ces bancs, messieurs les jurés, vous aurez à décider si ces hommes ont publiquement diffamé le conseil général, et un simple récit des faits tels qu'ils résultent de l'audition des témoins, sera ma première défense ; récit sans éloquence, sans emphase, dans une simple conversation, comme il convient à d'honnêtes gens parlant à d'honnêtes gens. Voilà quel sera le débat. Et ce débat lui-même, les dépositions l'ont encore amoindri.

Quand j'ai accepté cette cause, je ne savais pas si je n'aurais pas le préfet à prendre à partie, si je ne devrais pas attaquer le président du conseil général, et j'étais bien décidé à remplir mon devoir jusqu'au bout : mais j'ai le bonheur de n'avoir que le procès à plaider, et je m'en félicite. Oui, s'il eût été vrai que le préfet se fût rendu coupable, en les autorisant, de sévices, de tortures, dont notre ami Malardier eût été victime, ma voix aurait ici même flétri les actes d'un pouvoir agresseur, mais il n'en est rien et je m'empresse de le dire. Oui, j'ai été heureux de constater que jusqu'au 1er mai 1850, Malardier a été parfaitement traité ; les ordres ont été très-convenables. On nous a raconté enfin cette scène dans laquelle Malardier, surexcité par la prison, par la maladie et aussi par le refus du préfet d'accorder une permission à un de ses amis, s'était laissé aller à des paroles amères. Que voulez-vous? il a vu que le préfet ricanait devant lui, il en est devenu furieux; le préfet s'en défend, je le crois ; mais hélas ! messieurs, la prison et la maladie, voilà de bien terribles surexcitations ; et quand j'ai vu Malardier, après que deux mois d'une douce liberté ont ranimé sa vie, quand je l'ai vu se traînant à pied, la tête affaiblie, les yeux abattus, si différent de ce qu'il était au milieu de nous, avant la prévention qui amena son emprisonnement, je me suis fait une idée de ce qu'avait dû être la prison pour notre infortuné collègue et j'ai douloureusement gémi sur la résolution, non du préfet, mais du ministre, qui le plongeant dans un cachot pendant trois jours et trois nuits, avait développé les germes déjà anciens de cette terrible maladie !

Mais laissons ces pénibles détails. Encore une fois, Malardier et ses douleurs ne sont dans le débat qu'un épisode. Cette partie de la discussion est épuisée, nous n'y reviendrons plus.

Encore un fait, et c'est M. le procureur-général qui m'amène à en parler.

M. Miot a comparu à Paris devant la commission des 15 et il a prononcé ces paroles-ci :

« Puisque vous voulez bien me prêter votre bienveillante attention, « je vous ferai part des motifs qui ont pu dicter la majorité dans sa con- « duite lorsqu'elle a levé la séance pour ne pas nous entendre, car selon « moi, si elle nous a incriminés, en cette circonstance, c'est pour couvrir « le vote qu'elle a émis pour se constituer en comité secret et éviter la « discussion publique qui devait avoir lieu sur les comptes présentés par « le préfet à l'occasion des réparations au mobilier et aux bâtiments de « la préfecture, comptes que nous étions loin de trouver exacts, et sur « lesquels le citoyen Pellault était chargé de faire un rapport qui n'au- « rait pas manqué d'attirer la sérieuse attention du pouvoir supérieur, « ou tout au moins donné lieu à des interpellations qui nous paraissaient « nécessaires. Oui, citoyens, selon moi, la majorité du conseil nous in- « crimine pour atténuer l'effet qu'aurait pu produire l'attaque à laquelle « elle s'attendait de notre part.»

Pourquoi donc le ministère public est-il venu reprendre ces paroles ? Qu'est-ce qu'elles faisaient à l'affaire ? Qu'est-ce que cela avait de commun avec le procès ? Le procureur-général avait évité avec une grande sagesse de toucher à la politique, il m'a donné le plaisir de n'en pas dire un mot, moi que la politique brûle; pourquoi donc est-il entré dans ce détail ? Le voici : il a voulu laisser croire que même devant l'Assemblée, Miot avait diffamé le préfet, en faisant peser sur lui le soupçon d'une dilapidation. Non, Miot, qu'on le sache bien, n'a jamais accusé le préfet de dilapidation ; il sait comme moi qu'un fonctionnaire quelconque ne peut pas détourner les fonds qui passent entre ses mains. Apprenons-le au peuple qui nous écoute, pour qu'il le sache bien : un fonctionnaire ne peut pas détourner un centime, et si nous avons vu sous le dernier gouvernement deux ministres condamnés pour concussion, ce n'était pas pour avoir pris les deniers de l'Etat, cela est impossible, car outre l'examen de l'Assemblée, il y a l'examen de la cour des comptes devant laquelle il faut venir armé de toutes les pièces justificatives. Si des ministres ont été condamnés pour concussion, c'est pour avoir passé des marchés, pour avoir reçu de l'argent des personnes auxquelles ils accordaient des faveurs et des places, non pour avoir puisé dans les deniers publics, ce qui est impossible !

Ainsi, que cela soit bien entendu pour tous : on n'a pas accusé M. de Lafosse, préfet de ce département, d'avoir détourné de l'argent, il ne le peut pas, il ne peut pas enlever un sou des recettes qui entrent dans sa caisse ; Miot parlait d'un défaut de justification de certaines dépenses. La Cour des Comptes en est saisie.

Voilà tout ce que j'avais à dire sur ce point. Le préfet se justifiera devant la cour des comptes ; s'il ne se justifie pas, il sera forcé en recette, voilà tout ; mais il ne sera pas concussionnaire.

Oui, cela est impossible, et je le dis pour nous, qui avons occupé le pouvoir, comme pour tous les fonctionnaires. Quand vous lisez dans de sales pamphlets que tel membre du gouvernement provisoire a volé dans les caisses publiques, rejetez avec pitié ces lâches accusations ; mais rejetez-les aussi quand elles frappent d'autres fonctionnaires, même quand ils sont vos ennemis politiques. Non, personne, entendez-le bien, personne ne peut détourner un centime des coffres de l'Etat, et en opérer le détournement.

J'entre dans le procès.

MM. Miot, Rouet et Pellault sont membres du conseil général de la Nièvre, ils y sont venus pour remplir leurs fonctions.

Le procureur-général nous disait qu'il fallait d'autant plus respecter le conseil général qu'il était nommé par le peuple. Eh, mon Dieu, oui ! si les pouvoirs élus par le peuple ne sont pas respectés, qu'est-ce qui sera donc respecté ? La République est avant tout le gouvernement des majorités.

Quand, sous la Restauration, l'on attaquait la monarchie, on disait avec raison : Ce n'est pas le Peuple qui a choisi le Roi. Il est Roi de droit divin, nous n'en voulons pas, et l'on chassait Charles X. Quand, sous le dernier règne, on attaquait la monarchie, on disait avec raison : Le Roi n'a été élu que par 221 députés, et nous n'en voulons pas, il n'est pas l'élu du Peuple, et l'on renversait Louis-Philippe. Il n'y avait rien à répondre. (On rit.) L'attaque était légitime contre de tels pouvoirs ; mais aujourd'hui, attaquer le gouvernement, attaquer un corps constitué et nommé par le Peuple, ce n'est pas seulement la révolte, c'est le sacrilége, c'est l'impiété ! Le respect du suffrage universel ! c'est toute la force de la République, c'est là ce qui fait sa puissance invincible ! Allez donc détruire la République, mettez-là donc en voiture comme la monarchie (hilarité), comme on a fait de la dernière monarchie !!... Et savez-vous pourquoi on ne peut pas la renverser, c'est parce que le peuple la veut, et lorsque le peuple veut, il peut. (Sensation.) Souvent on ne veut pas l'entendre et on l'attaque, mais au jour marqué, il se présente, et rien ne lui résiste.

Et, Messieurs, puisque je suis amené sur ce terrain, puisque ce procès n'est évidemment qu'une question de majorité et de minorité, la majorité du Conseil général contre la minorité de ce Conseil ; laissez-moi vous dire quelques mots sur ce respect des majorités. A mes yeux, ce respect fait toute la force de nos nouvelles institutions. Les élus du suffrage universel doivent être entourés, même quand nous les croyons dans l'erreur, d'un respect inébranlable. Ils se trompent, dites-vous, ils sont même de mauvaise foi ; à la bonne heure, dites-le, faites connaître votre opinion au pays, vous en répondrez devant le jury ; c'est la liberté de la presse, première nécessité d'un gouvernement républicain. Puis viendra le grand jour de l'élection. Ce jour-là, Peuple souverain, vous jugerez à votre tour, et l'urne proclamera vos choix, devant lesquels la minorité devra s'incliner. Le suffrage universel, c'est l'essence de la République. Malheur à qui ose toucher au suffrage universel ! malheur à qui se révolte contre ses élus ! son crime est le plus grand des crimes.

Mais, s'il en est ainsi, la République a fermé l'abîme des révolutions. Pourquoi donc redouter la République ? Ce n'est pas, messieurs, qu'elle veuille s'imposer par la force. Oh ! non, soyez légitimistes, orléanistes, bonapartistes, la République permet tous les sentiments, tous les regrets, toutes les espérances ; c'est le règne des majorités ; c'est la République. Mais, dit-on, c'est un gouvernement sans stabilité : tous les quatre ans, on remet tout en question ; rien n'est certain. L'erreur est là. On ne remet rien en question. Sous la monarchie, comme sous la République, on changeait de députés tous les trois ou quatre ans. Quand au président de la République, c'est tout simplement le chef du pouvoir exécutif, un fonctionnaire public que vous changez sans que le pays doive recevoir un ébranlement ; ce n'est pas un roi que vous renvoyez, c'est le premier fonctionnaire que vous remplacez sans bruit, sans tumulte, avec des bulletins inoffensifs. Est-il rien de moins agitateur ? On insiste : tout s'agite, rien n'est assuré. Voyons, messieurs les jurés, est-ce que vous n'êtes pas parfaitement tranquilles ? est-ce que votre commerce, votre profession sont troublés ? est-ce qu'on vous demande injustement quelque chose qui vous appartienne ? L'agitation, où est-elle ? pas dans le peuple, assurément. Il faut bien le dire, l'agitation est à l'Elysée, à l'Assemblée nationale, dans les hautes régions de la politique ; en dessous, tout est calme. Le motif de ce trouble d'en haut, ce n'est pas le lieu de le dire ; mais, la fin de ce trouble, elle est dans vos mains. En 1852, l'élection du suffrage universel fera justice, et tout sera dit. Voilà le gouvernement républicain.

Messieurs, laissez moi dire comme M. le procureur général ! Ce n'est pas le procès ; j'y reviens par ces mots :

Vous vous plaignez du tumulte qui a éclaté dans votre conseil général; mais ce n'est rien à côté de notre grande assemblée; il s'y fait bien plus

de bruit encore : ah ! combien de fois nous avons eu des séances de
cette espèce ; nous ne les comptons plus maintenant ; aussi, quand j'ai
vu ce compte-rendu, j'ai dit : que voulez-vous ? c'est l'assemblée légis-
tive au petit pied (hilarité générale), mais cette agitation cesse, elle se
calmera, elle ne tiendra plus longtemps ; les hommes sérieux se diront
qu'il est temps de faire la paix, et puis grâce à Dieu, 1852 arrive et alors
la grande, la grande affaire se jugera ; le vœu populaire se manifestera
et quel qu'il soit il faudra s'y soumettre, malheur à qui n'obéirait pas,
car il serait rebelle à la loi et la loi s'emparerait de lui. (Mouvement
prolongé.)

Le conseil général est composé d'hommes que nous devons respecter,
nous dit le procureur général ; oui, mais les trois prévenus que je défends sont conseillers généraux et parconséquent ils ont droit au même
respect et aux mêmes égards, seulement ils sont en minorité et à mon
avis, lorsqu'ils réclament l'exercice d'un droit, la majorité doit le leur
accorder par la raison toute simple que la minorité a très peu de droits
et que la majorité les a tous.

Que sont donc les prévenus à l'égard des autres membres du conseil
général ? Ils sont leurs égaux , mais ils ont un titre qui les élève au-
dessus des autres : ils sont représentants du peuple, c'est-à-dire ce
qu'il y a de plus grand, de plus immense dans une république, non
pas Miot, non pas Rouet, qu'importent les noms, mais l'assemblée nationale, mais le peuple dont elle est la représentation ; et quand
des membres de la représentation nationale viennent dans un conseil
général élever une réclamation, ce n'est pas encore seulement comme
minorité qu'ils ont des droits, mais aussi comme représentants du peuple. Eh bien ! ils arrivent à Nevers, ils vont visiter dans la prison un
ami, faisant partie comme eux de la représentation nationale, condamné à un an de prison ; grâce à Dieu, cet ami n'est pas condamné
pour un crime : son honneur, sa loyauté, sa considération, tout cela est
intact ; il a fait un ouvrage qui a déplu à la justice, il a été poursuivi
et condamné par le jury : cela n'ôte rien à l'honneur ; l'honneur ne
souffre pas d'une condamnation pour un simple délit de presse. S'il a
été condamné, c'est qu'il avait écrit ce qu'il ne devait pas écrire. Le jury
c'est le meilleur juge, ou plutôt c'est le seul juge possible quand il
s'agit de la presse, oui, les seuls ; parce que le jury c'est moi, c'est vous,
c'est tout le monde, c'est le peuple ; c'est-à-dire, c'est l'impression du
moment, la mobilité de l'opinion publique, la justice politique la plus
vraie, voilà le jury : et voilà pourquoi les magistrats ne jugent pas les
délits de presse. Ce n'est pas, en effet, parce qu'on se méfie d'eux, non,
car si on s'en méfiait ce ne serait plus la justice, c'est parceque la
magistrature doit se borner à juger les crimes et les délits de droit
commun et que si elle ne s'occupait jamais des procès qui touchent à la

politique, il n'y aurait rien au monde de plus respectable et de plus respecté.

Heureusement, dans l'intérêt même de ce respect pour la justice, la constitution enleva aux magistrats la connaissance des délits politiques ; il ne faut leur laisser juger aucune affaire où la politique se mêle et nous ne verrons pas s'élever contre les magistrats un seul reproche. C'est ainsi que nous l'avions compris quand nous gouvernions aux premiers jours de Février. Aux magistrats, le jugement des crimes et des délits, aux magistrats le jugement de tous les intérêts civils. Dans ce cercle immense d'ailleurs, la probité de la magistrature française est au dessus même du soupçon. La politique seule arme contre elle les défiances, les soupçons : hors de la politique, nul n'a songé à lui contester cet honneur, cette loyauté qui fut de tout temps son partage et plus d'une fois, sa sauve-garde. Laissons donc la politique en dehors de la magistrature ; mais vous, jurés, c'est différent ; dans une heure d'ici, vous rentrerez dans la foule au sein de laquelle vous êtes toujours. Quand vous avez un écrit à juger, si vous le condamnez, c'est que vous vous dites ceci : Dans le moment où nous sommes, cet écrit excite les passions, il bouleverse le pays, donc il est coupable. Vous avez pu vous tromper sur le caractère de l'écrit, mais vous ne vous êtes pas trompés en jugeant ; aussi nous nous inclinons devant vos arrêts, même quand ils sont contraires à nos espérances.

Au magistrat, la loi demande en vertu de quel texte il condamne ; à vous, on ne vous demande que le cri de votre conscience, et alors il n'y a plus de difficultés pour les causes politiques. Nous comparaissons devant vous ; je ne vous connais pas ; je ne sais pas ce que vous pensez, cela n'empêche pas que je ne sois très calme en venant ici vous réclamer justice, certain que je suis de l'obtenir..... ( Sensation. )

Je reviens au procès. Miot et Pellault sont arrivés à Nevers ; ils sont allés voir Malardier. En entrant dans la prison, ils lui ont dit : « Tu es malade. » Il à répondu : « Non, je ne suis pas malade. » Cependant, au lieu d'un homme fort et vigoureux, ils avaient devant eux l'ombre de leur ami ; en le voyant, ils s'étaient écrié : « Ah ! mon Dieu, comme tu es changé ! » Et dans l'accusation c'est un langage de comédie ! c'est Basile à qui l'on persuade qu'il a la fièvre.

Messieurs les jurés, la vue de Malardier répond à cette calomnie.

C'est la déposition du gardien-chef qui semble donner quelque appui à l'accusation : mais entre le gardien-chef et Malardier, qui devez-vous prendre pour guide ? Est-il vrai que Malardier ait écrit au préfet ? Cela est avoué. Est-il vrai que sa première lettre n'ayant pas été écoutée, Malardier ait fait une seconde lettre ? Cela est incontestable.

La voici :

« Mon cher collègue, je suis réellement malade ; je viens de nouveau
» vous prier de m'envoyer le docteur David.

» Bien que ce matin, j'eusse par le fait, renoncé à la visite de ce mé-
» decin en acceptant celle de M. Leblanc, médecin de la prison, je crois
» pouvoir prouver le fait annoncé ci-dessus par des preuves sans
» répliques.

» Les faits annoncés au sein du conseil général par M. le préfet sont
» faux.

» Recevez mes salutations fraternelles,

» MALARDIER.

» Prison de Nevers, 31 octobre 1850.»

Cette lettre a-t-elle été suivie de l'envoi d'un médecin ? Non. Pourquoi le préfet a-t-il dit au Conseil général que Malardier ne voulait pas
de médecin ? Il n'avait donc pas reçu la lettre de Malardier ? Et, dans
ce cas, le gardien-chef se trompe, ou le préfet n'a pas bonne mé-
moire. Malardier voulait David, et vous ne l'avez pas envoyé. Mais, ce
n'est pas tout. Le gardien-chef avait une lettre pour David, et David
a déclaré qu'il ne l'avait jamais reçue ; le gardien-chef l'avait donc
gardée.

*M. le président.* Le gardien ne lui avait pas donné la lettre, parce
qu'il fallait à côté de la lettre une permission du préfet.

*Me Crémieux.* Je supplie M. le président d'être persuadé que
je n'oublierai rien. Je dirai tout ; mais je ne puis pas dire tout à la fois.

Je sais bien que M. David ne serait pas entré sans permission du
préfet ; mais peu importe. Malardier avait donné une lettre pour
David, et cette lettre ne lui est pas parvenue ; Malardier réclame David,
et David n'est pas allé le voir. N'en parlons plus. Vous voyez ce qu'un
an de prison a fait de Malardier. Il est sorti justifiant le mot que Miot
avait dit à l'Assemblée : « Peut-être, à l'heure qu'il est, il y a un cadavre entre la majorité et la minorité. » Et si Malardier était tombé
malade un mois plus tôt, il serait mort en prison. Aujourd'hui, il est
heureux ; il respire l'air pur de la liberté, et cependant, vous l'avez vu
hier : Est-ce que vous oseriez dire qu'il ne se traîne pas comme une
ombre qui prend peu à peu quelque consistance ?

Est-ce qu'il ne nous disait pas : Si j'étais resté un peu plus longtemps
en prison, j'y serais mort ! Voilà ce qui était dans ses yeux, dans tout
son esprit. Dites, dites : Il y avait-il dans ses yeux cette fermeté noble
que Dieu nous a donnée et qui s'éteint, se flétrit, se détruit quand la
santé physique s'altère ! Vous l'avez entendu parler ; il ne se soulevait
que lorsqu'il était indigné ! il n'avait de mouvement qu'en se rap-
pelant le séjour du cachot ! Laissons, je le veux bien, ces tristes souvenirs.

Mais, quand Miot portait au Conseil général l'expression de sa dou-
leur, il remplissait son premier devoir d'homme. Malardier est libre
aujourd'hui, il respire l'air de la liberté ; mais, lorsqu'il était en prison,
malade, gravement malade, ses amis ont voulu faire connaître au Conseil général sa situation ; ils ont parlé, il est vrai, en termes énergiques,
Miot a dit : « On veut faire périr un homme derrière les murs d'une
prison, et vous voulez que je me taise ! » Comprenez-vous ces barbares, qui viennent demander que l'on envoie un médecin auprès d'un
homme qui se meurt ! Le préfet ne le veut pas. Eh bien ! nous le voulons, et nous demandons au Conseil général d'ordonner qu'un médecin
sera envoyé auprès de Malardier.

Pourquoi donc ne vérifiez-vous pas l'exactitude de notre allégation ?
Eh quoi ! c'est votre représentant, prisonnier sans doute, mais son caractère sacré ne s'est pas évanoui, il est toujours votre représentant,
et lorsqu'on vous demande d'envoyer un médecin auprès de lui,
vous vous récriez, vous levez la séance ! Où donc est le respect
que vous réclamiez tout à l'heure pour les élus du suffrage universel ?
(Sensation prolongée.)

Je suis encore obligé de vous dire : Là n'est pas le procès ; mais que
voulez-vous que j'y fasse ? Le procureur-général a tracé ma route, il
faut bien que je la suive.

Le procès est fait au compte-rendu de la séance du conseil général,
et, dans ce compte-rendu, il y a un mot qui a excité de grandes
colères et qu'on a nié d'abord : « *Allez chercher les trompettes du régiment.* » Eh bien ! non seulement ce mot a été dit ; mais
il a été dit par le président du conseil général, et des témoins ont
ajouté qu'en prononçant ces paroles, le président avait imité le son de
la trompette. Dès ce moment, sur quoi reposait le procès ? Ajoutons que
si le compte-rendu a été connu du conseil général, ce n'est pas un des
prévenus qui l'a fait connaître, c'est le préfet ; oui, M. le préfet, cet
écrit a été déposé entre vos mains, conformément au vœu de la loi ; la
loi veut que vous gardiez les exemplaires ; vous, vous venez au conseil
général, et vous livrez l'un des deux exemplaires que j'ai déposés chez
vous pour me conformer aux prescriptions de la loi.

Remarquez en passant que dans les procès-verbaux du conseil gé-
ral, en parlant de la lettre de Rouet, qui commence par « Citoyens, »
on met « Messieurs, » de telle sorte que la lettre a l'air d'être adressée
aux membres du conseil. Oui, les républicains ont l'habitude de s'appeler
*Citoyens.* Ils croient que cela vaut mieux que *monsieur.* On peut être
*Monsieur* en s'appelant *Citoyen,* mais quelquefois quand on est *Monsieur* on n'est pas *Citoyen.* (Rires.)

M. le procureur-général vous a parlé de la séance de l'Assemblée nationale dans laquelle l'autorisation de poursuites a été accordée contre

Miot et Rouet ; il s'est longuement étendu sur les détails de cette séance. Pour cela, il avait ses motifs.

Comment ! s'écrie-t-il, des hommes comme Miot et Rouet, des républicains ne veulent pas comparaître devant le jury! Ils s'en méfient donc! J'avoue que c'était très habile de la part de M. le procureur-général ; il prenait les jurés au défaut de la cuirasse. Non, Miot et Rouet ne se méfient pas de vous; non, les républicains ne se méfient pas du jury. Miot et Rouet ne sont pas seulement citoyens, ils sont représentants, à ce titre, ils veulent qu'on respecte un privilége qui leur est accordé non dans leur intérêt, mais dans l'intérêt de la République. Membres de la minorité de l'assemblée, ils doivent, et nous devons avec eux, résister énergiquement à ces mesures de la majorité, qui déciment légalement une minorité déjà décimée par des condamnations judiciaires, par le plus douloureux exil. Voyez, messieurs, voilà deux représentants de la minorité, prévenus d'un délit de presse, ils ont quitté l'assemblée pour venir devant vous, et nous leurs amis, tous deux encore membres de la minorité, nous voici pour les défendre. Supposez qu'une question importante s'élève aujourd'hui, demain, quatre représentants manquent à l'assemblée. Croyez-vous que le privilége réclamé par Miot soit un privilége sans importance? Croyez-vous qu'il ait eu tort de le défendre? Vous prononcerez. Au reste, M. le procureur général vous l'a dit : La défense a été rigoureuse, elle a été soutenue par un procureur général, par un ancien ministre de la justice, et le délit a semblé si évident, que l'assemblée, sans entendre d'accusateur, a donné l'autorisation. Tout cela est vrai : Oui, à l'Assemblée je combattais l'autorisation de poursuites, moi, ancien ministre de la justice ; ce n'est pas, je le sais bien, une autorité qu'un ancien ministre, mais enfin, c'est quelque chose encore, peu de chose, mais quelque chose. Et puis j'avais avec moi un procureur-général, tandis qu'ici, j'en ai un contre moi. Il y a seulement cette différence que le procureur-général qui était avec moi était guidé par sa conscience, tandis que celui que j'ai contre moi est guidé par son devoir...

*M. le procureur-général* (interrompant.) Son devoir ne domine jamais sa conscience.

*Me Crémieux.* Parbleu ! je le sais bien. Ah! si vous n'aviez pas de conscience... vous ne pourriez pas être magistrat.

Quand à l'assemblée, la majorité a donné l'autorisation, mais contre deux représentants de la minorité. Qu'est-ce que cela prouve pour le délit. Ajoutons qu'il y a eu deux motifs qui ont entraîné l'assemblée, et l'un des deux, le principal émane d'un fait matériellement inexact. Le rapport de M. Emile Leroux disait ceci :

« Eh bien, voici la délibération de la chambre d'accusation. Elle dit que « le compte-rendu incriminé présente tous les caractères de la diffamation publique envers le conseil général de la Nièvre. »

Dans les procès de ce genre, voici comment on procède, voici ce qui se passe. On est obligé à peine de nullité de prononcer dans la chambre du conseil dans les dix jours, et dans les cinq jours suivants à la chambre d'accusation, mais l'arrêt de la chambre des mises en accusation n'arriva que plus tard, et le rapport disait qu'on demandait l'autorisation, mais seulement sur le saisi et sur la présomption possible du délit ; mais le véritable arrêt de la chambre d'accusation n'est survenu qu'un mois après le rapport. Le rapport, quand il disait que la chambre d'accusation avait reconnu le délit, disait une inexactitude.

*M. le procureur-général.* Le rapporteur faisait allusion au premier arrêt ; cet arrêt reconnaît que l'écrit de MM. Miot, Rouet et Pellault est injurieux et diffamatoire.

*M° Crémieux.* Je sais fort bien cela, mais je répète que la chambre des mises en accusation ne nous a renvoyés qu'un mois plus tard devant la cour d'assises. Au reste, si l'accusation vous semble si simple, pourquoi, vous, le chef de parquet, vous déplacez-vous pour venir la plaider ? Oui, je le demande, pourquoi M. le procureur-général est-il venu de Bourges pour plaider ce procès ? Je vois à côté de lui un homme de talent qui aurait suffi au procès. Mais non, on a voulu faire de l'impression sur l'esprit de MM. les jurés. Voilà le chef du parquet qui arrive ; voilà toutes les foudres qui vont tomber sur les prévenus. Si c'était une affaire ordinaire, il aurait suffi du magistrat qui occupe ordinairement le siége. Il faut dire tout simplement que le chef du parquet n'avait pas besoin de venir, et que s'il est venu, ce n'est pas tant sa parole qu'on a voulu faire entendre, mais sa robe qu'on a voulu faire voir. Eh bien ! non, M. le procureur-général ne pourra pas grossir cette affaire, c'est impossible.

On a parlé des rouges, on les désigne comme des hommes dont il faut se débarrasser à tout prix ; il n'y a pas d'exemple, depuis 1793, d'hommes aussi sanguinaires. Nous, qui sommes rouges, nous ne pouvons pas nous trouver si méchants (rires prolongés), nous ne pouvons pas accepter qu'on nous appelle des ennemis de la famille et de la propriété ! Parmi nous il y a, comme parmi les réactionnaires, des riches et des pauvres, plus de pauvres, il est vrai, mais, comme vous, ils respectent la propriété.

La famille, — qui l'aime mieux que nous ? à qui la femme, les enfants sont-ils plus doux au cœur ? à l'ouvrier, au travailleur, qui a tant besoin de la famille pour sa consolation dans ses peines. Une femme, des enfants ! grand Dieu ! conservez-les à notre amour, car leur perte, c'est notre mort ! Oui, perdre sa femme, perdre ses enfants, c'est mourir ! (Une vive émotion se manifeste dans toutes les parties de la salle.)

Messieurs, voilà une heure que je parle, et, comme le ministère public, je ne suis pas encore au procès. Pourrai-je y arriver? Trouverai-je, pour le procès, une place dans le débat?

Le terrain est si étroit,' qu'en y prenant une place presque imperceptible, le ministère-public a tout occupé. Quelle est enfin l'accusation intentée contre les trois prévenus?

Il faut se renfermer dans les termes de l'arrêt d'accusation ; c'est peut-être gênant ; mais, pour le procureur-général comme pour moi, l'arrêt c'est la loi ; il ne peut pas le franchir.

Or, cet arrêt fait reposer la prévention dans les termes que voici : Prévenus d'avoir publiquement diffamé le Conseil général de la Nièvre dans les deux dernières parties de l'écrit imprimé.

Ainsi, la première partie est innocente. Et pourtant, quand le ministère public a voulu examiner l'écrit, cette première partie a servi de texte à son réquisitoire. Il vous a lu toute la protestation. Pourquoi ? Quel besoin de la remettre sous les yeux des jurés ? La Cour l'a écartée du débat, le procureur-général l'y replace. Il faut donc laisser la protestation de côté. La *diffamation publique* ne résulte, d'après l'arrêt d'accusation, que des deux dernières parties de l'écrit : le compte-rendu, et la lettre de mon ami Rouet.

Avant tout, y a-t-il publicité? C'est la première question, la plus importante ; car la diffamation sans publicité, ce n'est plus la diffamation que vous avez à punir, c'est une affaire de police municipale : Cela ne vous regarde pas.

La publicité existe-t-elle? Le terrain était brûlant, le ministère public a couru dessus, on eût dit des charbons ardents.

Et d'abord, il nous a pris par l'amour-propre. Comment! pas de publicité ! Mais vous avez dit que vous vouliez porter cette publicité devant l'Europe entière..... Soit ; mais le jury n'est pas appelé à juger ce que nous avons dit, il doit décider si l'écrit a été rendu public par Miot, Rouet et Pellault. Au fait, au fait. Où est la publicité?

M. le procureur-général nous prend ensuite par le sentiment : Vous ne soutiendrez pas la non-publicité de l'écrit ; vous êtes trop généreux pour cela. La publicité de l'écrit, vous ne la nierez pas. Généreux! je n'ai pas droit de l'être. Je défends des prévenus, je dois user de mon droit tout entier. C'est vous, accusateur, qui devriez être généreux, et vous ne l'avez pas été. Oh ! non, vous ne l'avez pas été du tout.

Ainsi, décidons la première question : cet écrit a-t-il été publié par nous ?

Je réponds sans hésiter : Non, nous n'avons donné à l'écrit aucune publicité. La preuve, la voici :

L'écrit a été dénoncé le 4, déposé le 4, saisi le 5. Le dépôt, la loi l'ordonne justement pour que la publicité soit arrêtée quand elle se manifestera ; c'est l'obstacle à la publicité : c'est l'écrit discrètement confié au ministère-public, au préfet. L'écrit est donc déposé à 2 heures au parquet, le parquet a gardé son exemplaire ; à 3 heures, à la préfecture, le préfet a porté son exemplaire au Conseil. Comment ! c'est le préfet qui viole le secret du dépôt ! C'est le préfet qui donne connaissance au conseil général d'un écrit dont la remise lui est faite sous le secret ! S'il y a publicité, à qui la faute ? Est-ce aux prévenus ?

La saisie a lieu dès le lendemain. En vertu de quoi ? Est-ce sur une dénonciation faite parce qu'on a saisi quelques exemplaires répandus dans le public ? Non, c'est sur la dénonciation du Conseil général, à qui le préfet seul a communiqué l'écrit qu'il devait garder. Neuf membres du conseil général, sur 17 votants, sur 25 membres, ont porté plainte. La saisie a lieu : donc pas de publicité.

Mais , dit le procureur-général , l'imprimeur a déclaré 500 exemplaires ; 135 ont manqué. Qu'est-ce que cela prouve ? Nous les avons pris, nous ne les avons donnés à personne. En dehors de l'imprimerie, avez-vous trouvé un seul exemplaire, un seul ? Non. Donc pas de publicité. Donc, plus d'accusation ! Pauvre accusation !

Et la diffamation, existe-t-elle ?

Remarquez bien , messieurs les jurés, que la diffamation seule ne serait rien dans l'affaire ; il faut que la diffamation soit publique. La publicité n'existe pas, le procès n'existe plus. Mais enfin, où se trouve la diffamation ?

L'arrêt cite principalement deux passages du compte-rendu. Le premier est celui-ci : « La majorité trépigne d'impatience ; elle témoigne » par ses murmures le désir de ne pas en entendre davantage. » Quoi ! c'est-là de la diffamation ? En vérité, le Conseil général est bien susceptible ! Mais pourquoi ne porte-t-il pas plainte contre le journal de la Nièvre ?

Voici, en effet, ce que ce bon journal, le plus honnête de tous les journaux, a publiquement livré à ses lecteurs. Voici comment il raconte cette première partie de la séance :

« Après ces paroles, pleines de fiel et d'acrimonie, que le conseil avait
« écoutées avec un véritable sentiment de dégoût, M. Miot commence
« la lecture d'une diatribe dont nous ne pouvons reproduire ici les ter-
« mes ; mais qu'il nous suffise de dire que l'auteur avait, dans cet écrit,
« prodigué tout ce qu'il y a d'accusations injurieuses, irritantes et men-
« songères contre l'administration. A l'entendre, il n'est sorte de tortu-
« res qu'on n'aurait fait subir à Malardier. Enfin, M. Miot arrive à un
« passage de sa protestation où, s'adressant au préfet lui-même, il parle
« de *barbarie*, d'*infamie*...

« A ces mots, les membres du conseil, qui n'avaient écouté cette lec-
« ture que dans l'espoir d'en finir bien vite avec cette affaire,? interpel-
« lent vivement M. Miot de toutes parts ; il demandent la levée
« de la séance, et M. le président, qui, dans cet incident orageux, a su
« contenir sa profonde indignation et maintenir intacte son autorité
« présidentielle, déclare que la séance est levée.»

Si les prévenus avaient écrit cela, je comprendrais la poursuite ; mais
ce qu'ils ont dit, est-ce même une injure quelconque? N'est-ce pas l'expression adoucie de la vérité?

Arrivons à la seconde citation qui constituerait le délit. Elle est ainsi
conçue :

« Nouvelle explosion parmi les membres de la majorité : plusieurs
frappent à coups redoublés sur le bureau. « *Allez chercher les trompettes du régiment,*» crie une voix ; d'autres battent la mesure à coups
de pieds et à coups de chaises sur le plancher ; le président déclare
enfin pour la deuxième fois, qu'il lève la séance ; mais le citoyen
Pellault, impassible au milieu de cet orchestre à grand appareil, et
luttant de toute la force de ses poumons pour percer les notes discordantes qui s'efforcent de couvrir sa voix, a poursuivi sa lecture jusqu'au
bout.

Mettons à côté le récit du journal honnête et modéré :

« C'est alors, qu'au milieu d'épithètes toutes plus injurieuses les unes
« que les autres sur le chef du département, il arrive à dire que son
« ami, le citoyen Malardier, *est en face d'un bourreau, qui voudrait,
« avec une lâche hypocrisie, étouffer en prison un représentant du
« peuple.* Ces mots soulèvent les cris de l'assemblée ; tous les membres
« se lèvent en masse, à l'exception de MM. Pellault et Miot. L'honora-
« ble président, qui reste ferme et calme au milieu des vociférations de
« MM. Miot et Pellault, déclare de nouveau que la séance est levée ;
« mais M. Pellault se saisit du manuscrit, qui, dit-on, est son œuvre, et
« malgré la levée de la séance, malgré les clameurs et les hourras, non-
« seulement des membres du conseil général, mais du public, qui se
« disposait à sortir de la salle, il persiste à le lire, au milieu de cette con-
« fusion tumultueuse.»

Comment! je parle de murmures, et il parle de cris et de hourras! et
c'est moi qui suis poursuivi!

Je dis que la majorité se lève ; il dit que toute l'Assemblée se lève,
sauf Miot et Pellault, et je suis poursuivi! C'est moi qui suis le calom-
niateur du Conseil général !

Mais le journal de la Nièvre n'a pas parlé de ce mot terrible : « *Faites
venir les trompettes du régiment!...* » Oui, mais le mot est vrai ; il
est reconnu, il est avoué : le président lui-même l'a prononcé ; il en
convient.

Ma foi, messieurs les jurés, je suis bien embarrassé : Ce mot ridicule, c'est le président du Conseil général qui l'a dit, et le président est témoin, quand ceux qui ont rapporté sa spirituelle parole sont poursuivis ! Il est vrai qu'on soutient que le président a dit ces mots après la séance levée. Après, avant, pendant la séance, qu'importe? le mot n'en n'est pas moins joli : *Faites venir les trompettes du régiment*, et dit avec le geste, avec un certain murmure de la voix, imitation de la trompette !...

Et voilà deux représentants du peuple accusés de diffamation publique !

Et voilà deux représentants du peuple venant défendre deux de leurs collègues pour une si misérable accusation ! Assez, assez ! Reste l'accusation contre Rouet, contre sa lettre. Cette lettre, dit-on, ne peut avoir d'autre excuse que l'amitié, mais l'amitié n'est pas une excuse devant la justice.

En quoi donc Rouet a-t-il besoin d'excuse? Où est son crime? Voici ce qu'il écrit :

CITOYENS,

Je n'ai pu assister à la séance du 31: Vous savez que j'étais appelé à Paris. Je le regrette, car j'aurais pris ma part de la lutte que vous avez soutenue si noblement contre une majorité à ce point égarée qu'elle s'associe à des actes de violence et de brutalité qui révoltent tous les sentiments d'humanité.

Je donne mon adhésion entière à votre manifeste, et je tiens à honneur de voir mon nom à côté des vôtres.

Signé : ROUET,
*Représentant du Peuple et Conseiller général.*

Est-ce là ce que vous appelez de la diffamation? Comment! sans la calomnier, je ne peux pas dire de la majorité qu'elle s'égare en s'associant à des actes de brutalité ; mais vous voyez bien que j'ai été très-modéré, j'ai dit que la majorité était égarée, j'aurais pu dire qu'elle était cruelle.

Eh oui ! j'aurais pu le dire, car votre système cellulaire auquel a été soumis Malardier, c'est la torture la plus odieuse.

Ces prisons inventées par je ne sais quel bourreau, ces prisons où vous êtes plongé seul dans une enceinte étroite, où l'on vous interdit de parler à qui que soit, où les moindres volontés d'un geôlier sont des lois suprêmes, où l'on vous défend de voir personne au monde, si ce n'est à travers les grilles d'un parloir..... L'emprisonnement cellulaire, en un mot, c'est la honte de notre siècle! Je ne connais rien de plus abominable, c'est un raffinement des cruautés de l'inquisition ! Nous allons bientôt le discuter à l'Assemblée, et nos amis et moi nous nous élèverons de toute la puissance de notre âme contre ce système épouvantable appliqué à des écrivains, aux délits politiques, à des représentants condamnés pour délit de presse. Nous dirons que c'est une calamité effroyable, que l'inquisition n'avait rien de pareil et qu'il n'y a rien d'odieux comme d'imposer à un homme cet isolement mortel, qui frappe à la fois le corps et l'esprit.

Là où la mort aura été commandée par le crime, vous aurez le droit d'infliger cette torture et il y aura néanmoins des heures auxquelles le prisonnier pourra parler, car Dieu nous a donné la parole pour nous en servir. (Emotion.)

En résumé, Messieurs les jurés, le tort de Miot et de Pellault, c'est d'avoir fait un compte-rendu, et le tort de Rouet a été de croire à la vérité de ce compte-rendu, d'y avoir adhéré et d'avoir dit que la majorité était égarée. Eh bien ! oui, elle était égarée, elle a cédé à des préoccupations politiques et la politique ferme les cœurs même à la pitié. Elle aurait dû envoyer un médecin à Malardier, non une assignation à ses deux collègues. Quelle était en effet la demande adressée par Miot et Pellault ? Ils disaient : Malardier est malade, qu'on envoie un médecin. Voyez-vous cette prétention extraordinaire. Le préfet disait : il n'est pas malade, il n'a pas besoin de médecin. Voyez-vous la déclaration devant laquelle la majorité s'incline ! Un médecin aurait dit : Malardier est malade, ou il aurait dit : Malardier se porte bien. Tout finissait là dans le second cas; dans le premier, des soins intelligents, de l'air, de l'espace auraient été donnés à Malardier. Point de tumulte alors, point de cris, point de hourras, point de trompettes du régiment, point de procès. Le refus d'entendre une légitime réclamation a produit tout le mal. Rouet avait raison : la majorité égarée se prêtait à des actes qui révoltent l'humanité.

Je n'ai plus rien à vous dire que ces mots :

Les hommes que je défends sont des représentants de votre pays, on leur reproche quelques mots jetés dans un écrit, et on sent si bien que ces mots ne peuvent pas établir la diffamation, qu'on a inventé, je ne sais quel complot imaginaire tramé contre le conseil général avant sa réunion. Pour donner une base à ce conte absurde, il s'est trouvé un secrétaire-général de préfecture qui, avec une charmante excentricité, a demandé spirituellement à M. Pellault : Etiez-vous venu à Nevers pour vous occuper sérieusement des affaires du département ? A ce charmant fonctionnaire, M. Pellault a répondu : non, je viens pour bouleverser le conseil général. Donc la scène était préparée !

Comment ! c'est sur cette pointe d'aiguille que vous posez votre accusation ! et vous voulez que les jurés vous écoutent ! oui, ils vous écoutent, mais, franchement, ils ne sauraient vous comprendre.

Messieurs les jurés, le mot de l'énigme, le voici : le procès actuel, intenté par le conseil général de la Nièvre, c'est la guerre de la majorité

contre la minorité, c'est de la mauvaise politique. Majorité, minorité,
que signifient ces mots aujourd'hui? Vous étiez majorité hier, vous se-
rez minorité demain. Ah! craignez qu'à son tour la minorité devenue
majorité ne vous déclare une guerre cruelle. Hélas! ce triste spectacle,
notre époque en voit depuis bien des années la continuelle reproduction.
Quoi donc? la République, c'est-à-dire le suffrage universel, ne mettra
pas un terme à ces luttes déplorables! Qu'importe après tout quand la
lutte s'établit devant le jury?

Oui, messieurs les jurés, les minorités persécutées se placent sous
votre protection, et vous les couvrez de votre égide. A ces dignes représentants du peuple, vous dites : quand une majorité puissante vous
poursuit, moi, qui suis le pays, moi je vous soutiens, moi je vous pro-
tège, moi je vous défends, moi je vous acquitte.

---

Après cette brillante improvisation qui a duré plus
de deux heures, et qui a été écoutée avec une religieuse
attention, M⁰ Bac renonce à prendre la parole, la
cause, dit-il, étant suffisamment comprise de MM. les
jurés.

Le procureur-général reproduit, dans une réplique
très-brève, les arguments qu'il a déjà exposés. Il cher-
che a diminuer dans l'esprit du jury l'effet qu'à nécessairement produit la grave et puissante parole de
M⁰ Crémieux; mais un nouvel adversaire l'attendait.

M⁰ Tʜ. BAC se lève alors pour lui répondre. Il
réplique en ces termes :

M⁰ *Théodore Bac*. — Messieurs, le ministère-public a renfermé la
prévention dans un cercle dont je ne crois pas devoir sortir; il faut
tout rapporter aux proportions de la question que vous avez à juger.
Il ne vous faut préoccuper ni de la position des prévenus, ni de
tous les accessoires dont on a cru devoir environner ce débat.

Tout à l'heure, M. le procureur-général disait que vous ne deviez
pas faire attention à la position des prévenus. Il avait raison : il ne doit
y avoir aucune distinction entre les citoyens, ils sont tous égaux. Les
représentants du Peuple ne diffèrent de leurs concitoyens que par l'é-

tendue des devoirs qui leur sont imposés. Plus que les autres citoyens, ils doivent donner la preuve de leur respect pour la loi. — Comme les autres, plus que les autres ils doivent veiller à ce que des injustices ne se commettent plus ; ils ne doivent pas en demander pour eux.

Nous devons nous enfermer dans l'acte d'accusation, et ne pas en sortir. — Nous sommes prévenus d'avoir publié un écrit diffamatoire contre le Conseil général de la Nièvre ; la diffamation résulterait, non pas de la protestation lue au Conseil général, elle n'est pas incriminée, mais du compte-rendu d'une séance du Conseil général et d'une lettre adressée par le citoyen Rouet à ses collègues Miot et Pellault. Le délit est là tout entier.

Comment le délit doit-il être établi? La chambre du conseil et celle des mises en accusation l'ont parfaitement défini. Les citoyens Miot, Rouet et Pellault sont renvoyés devant la Cour d'Assises comme suffisamment prévenus d'avoir, en septembre 1850, publiquement diffamé le Conseil général de la Nièvre dans le compte-rendu de l'une de ses séances.

Qu'est-ce que le ministère public doit donc établir ? Deux choses : d'abord la publicité donnée à l'écrit, et ensuite la diffamation.

Quant au défaut de publicité, le ministère public nous dit : « Ce n'est pas un moyen convenable ; à supposer qu'il vous sauve devant le jury, il ne vous sauvera pas devant l'opinion. Comment! avoir annoncé à l'avance l'intention d'appeler l'attention publique sur les faits que vous dénoncez, avoir fait tant de bruit, soulevé tant de scandale, et en venir ensuite à plaider que vous n'avez pas voulu de publicité, la conscience publique peut-elle accepter une semblable défense !...

Un moment. Nous croyons, pour notre compte, que la conscience publique ne doit pas admettre que les prévenus pouvant exciper du défaut de publicité, n'osent se servir de ce moyen ; nous ne serions coupables à ses yeux que si nous demandions à sortir du droit commun. Mais, prenez garde, le ministère public fait une fausse appréciation de notre conduite.

Oui nous avons parlé de publicité, nous avons voulu éclairer tout le monde ; mais de quelle publicité parlions-nous? de la publicité de notre protestation.

Et en effet, au bas de la protestation nous disions : « Après ce premier devoir accompli, et quelle que soit la décision du Conseil général, les soussignés auront un autre devoir, celui de dénoncer de pareils faits au jugement du pays. »

Nous disions cela dans la protestation lue au Conseil général, et ce devoir l'avons-nous accompli? Oui, car à l'instant même, le citoyen

Pellaut a adressé la protestation à **M. de Girardin**, qui l'a insérée dans *la Presse.*

Ainsi nous avons rempli notre engagement, et ce n'est pas pour l'avoir rempli que nous sommes poursuivis. Il n'y a là aucun délit, on le reconnaît. Nous avions le droit de publier notre protestation, et nous en avons usé.

A quoi se restreint le débat? A un compte-rendu de la séance du Conseil général. Or, où voyez-vous que les citoyens Miot, Pellault et Rouet aient pris l'engagement de donner de la publicité à ce compte-rendu?

D'abord, nous l'avons déclaré, nous n'en sommes pas les auteurs. Il contient des éloges que les prévenus ne se seraient pas adressés à eux-mêmes. — Ils ont tout simplement donné un bon à tirer à l'écrit.

Voyons maintenant si cet écrit a été rendu public.

La loi a ainsi défini la publicité dans l'article 1ᵉʳ de la loi du 17 mai 1819 :

« Quiconque soit par des discours, des cris ou menaces proférées dans des lieux ou réunions publics, soit par des écrits vendus ou distribués, ou mis en vente ou exposés dans des lieux ou réunions publics, etc. »

Ainsi, ce qui constitue la publicité, c'est la distribution, la mise en vente ou l'exposition dans des lieux publics. Quel est celui de ces faits que l'on reproche aux prévenus? Comment cet écrit est-il arrivé à la connaissance du public? Aux termes de la loi, un ouvrage doit être déposé 24 heures avant son apparition ; dans ces 24 heures, les auteurs ont le temps de réfléchir : ils peuvent revenir sur leur idée de publier.

Eh bien! dans la cause actuelle il s'est accompli, pendant ces 24 heures, un fait que j'ose qualifier d'inouï ; une publicité prématurée, contraire à la loi, a été donnée à l'écrit par l'un des dépositaires légaux, par **M**. le préfet, qui en avait reçu deux exemplaires en exécution de la loi.

**M**. le préfet reçoit cet écrit à 3 heures. Il va à la séance du Conseil général, et il en donne lecture. Il n'en avait pas le droit ; cet écrit ne lui appartenait pas ; il n'était pas publié ; personne n'avait le droit d'y mettre la main. Ce n'est pas tout.

On lit la lettre du citoyen Rouet, et au lieu de la lire à l'adresse des citoyens Miot et Pellault, on la lit comme adressée au Conseil général.

A peine cette lecture est-elle faite, que le Conseil général nomme une commission de quinze membres chargée d'examiner l'écrit, et un

instant après, cette commission fait un rapport duquel il résulte qu'il
y a dans la brochure quelque chose d'outrageant pour la dignité du
Conseil général, et qu'il faut la déférer aux tribunaux. Le lendemain,
on se rend chez l'imprimeur, on saisit l'écrit. L'heure fatale sonnait, il
n'y avait pas encore de publicité, il ne pouvait pas y en avoir eu, et c'est
à ce moment que l'on saisit.

Est-ce que vous ne trouvez pas cela extraordinaire ? Je voudrais,
pour un moment, que vous fussiez pénétrés comme je le suis du respect de la loi, des obligations qu'elle impose, pour que vous puissiez bien
comprendre qu'il y a eu là quelque chose qui blesse la conscience, le
texte de la loi et quelque chose de plus encore.

Comment! cet écrit n'a pas reçu de publicité, on n'est pas dans les
délais pour lui donner cette publicité ; il a été déposé entre les mains
de deux magistrats qui doivent garder un secret inviolable, et voilà cependant que cette pièce arrive au Conseil général, et que le Conseil
général se plaint avant même que la publicité n'ait autorisé les poursuites.

Est-ce que cela n'indique pas un désir bien vif d'attaquer les prévenus et de trouver un délit quand même? On est si impatient de trouver
un délit, qu'on n'atteint que le germe de ce délit.

Est-il établi qu'avant la saisie et les poursuites, une publicité quelconque ait été donnée à l'écrit incriminé ? mais comme c'est l'auteur de
de la publicité qui est le coupable, ce serait alors M. le préfet qui devrait
être sur le banc des prévenus. Assurément je ne veux pas qu'il vienne
s'asseoir à côté de nous ; mais enfin c'est lui qui, par son empressement,
a fait le premier acte de publicité.

Messieurs, ce fait de la publicité est constitutif du délit, il faut qu'on
le prouve. Il ne suffit pas de dire que 130 exemplaires ont disparu ,
il faut que l'on établisse qu'ils ont été publiés. — Ce ne sont pas les
exemplaires qui ont disparu qui constituent la publicité, ce sont ceux
qui ont été distribués. La disparition de 130 numéros ne prouve rien ,
il faudrait établir un fait de distribution. On a plaidé avec beaucoup
d'éclat. A-t-on trouvé un fait, un seul, qui établisse la publicité?

Mais, dit-on , comment n'avez-vous pas présenté plus tôt cet argument?

Mon Dieu! messieurs, c'est que notre pensée ne s'est pas arrêtée sur
ce point. Hier, un témoin, M. Girerd, vous l'a dit : s'il avait su qu'il n'y
avait pas eu de publicité, il se serait opposé à la demande de poursuites,
et l'affaire se serait arrêtée là.

Devant l'Assemblée, on n'y a pas songé non-plus, et notre attention
ne s'y est portée que devant la Cour d'assises, lorsque les débats se sont
ouverts. Le ministère-public lui-même n'y avait pas songé , si bien

que l'un des prévenus a pu se pourvoir contre l'arrêt de la Chambre des mises en accusation qui n'avait pas établi le fait de publicité.....

Donc pas de publicité, pas de délit.

Voyons maintenant si les faits allégués sont faux.

Le ministère public s'est renfermé dans un argument que je dois reproduire pour ne rien lui enlever de sa force. Ce qu'on poursuit, nous a-t-il dit, ce n'est pas le récit d'un tumulte trop bien justifié par les interpellations qui se croisaient, c'est cette pensée qu'on a voulu présensenter le conseil général comme rebelle à un sentiment d'humanité, et se livrant au désordre et à la violence pour ne pas écouter la voix d'un prisonnier souffrant ; c'est contre cette accusation d'inhumanité que le conseil s'est soulevé, c'est contre cette accusation qu'il demande une réparation et une condamnation.

Je renfermerai le débat dans ce cercle, et je chercherai s'il y a dans l'écrit quelque chose de semblable à ce que décrivait tout à l'heure le ministère public. Il ne faut, d'aucun côté, sortir de la vérité. Tous les faits humains ont deux phases, et sont presque toujours appréciés de deux manières différentes. Il y a toujours une majorité et une minorité. Ces deux appréciations sont également non pas justes mais libres. Quelqu'un a raison, et on suppose toujours que c'est la majorité. Les jugements humains sont à ce prix, que toutes les opinions doivent être libres. Ainsi donc les faits déférés au jury, et qui se sont passés dans le sein du conseil général, ces faits appartiennent comme toutes les choses humaines à une double appréciation.

Il est permis de louer ou de blâmer un préfet : c'est un fonctionnaire responsable dont les actes sont livrés à la publicité, et qui appartiennent à cette juridiction de tout le monde à laquelle nul n'échappe. Lorsqu'il s'est passé dans le sein du conseil général un fait auquel le préfet a pris part, chacun l'apprécie à son point de vue.

Le citoyen Malardier est en prison. Ses amis veulent le voir : ils éprouvent une résistance qui les étonne, eux membres de l'assemblée nationale et du conseil général ; ils obtiennent une permission. Miot et Pellault vont voir Malardier, ils le trouvent changé. L'amitié, MM. les jurés, à des sollicitudes que l'administration ne peut pas toujours avoir. Pour le préfet, Malardier n'était pas malade. Pour l'inquiète amitié de ses collègues, il pouvait être sérieusement atteint. Les pressentiments de leur tendresse n'étaient, hélas ! que trop bien fondés. Ils s'aperçoivent que Malardier est changé par le régime de la prison. La décomposition était visible. On vous a dit que Malardier lui-même ne se sentait pas malade. Eh! mon Dieu, je le croirai volontiers. Celui qui est atteint de ce mal s'en aperçoit à peine, ses forces s'affaiblissent lentement de jour en jour, il s'allanguit, et il arrive un instant où il est aux portes du tombeau.

Le citoyen Miot a le sentiment du danger que court son ami ; il lui conseille de prendre un médecin. Ah ! vous voulez que ce soit une comédie. Tenez : cette idée n'est pas de vous, et je vous en honore, vous l'avez puisée dans un journal que vous lisiez tout à l'heure. Des hommes à qui l'on peut reprocher une franchise audacieuse, une hardiesse qui va jusqu'à l'imprudence, vous dites qu'ils ont voulu jouer la comédie pour faire du scandale, vous dites qu'ils ont trouvé dans la maladie de Malardier un prétexte pour combattre le préfet. En vérité ils auraient été maladroits, car à l'assemblée on s'est plaint de la position des prisonniers, et là ils auraient pu attaquer autant qu'ils l'auraient voulu M. le préfet de la Nièvre. Mais que voulez-vous ? le citoyen Miot ne sait pas résister aux premières impressions, au premier mouvement de son cœur ; une sensibilité extrême le domine; en un mot personne moins que lui ne sait créer des surprises, faire des compositions, préparer un dénouement. Aussi dès qu'il s'aperçoit de la maladie de Malardier, il lui conseille de prendre un médecin, et comme ses souffrances s'attachent à son séjour en prison il lui dit de prendre des précautions et de se faire soigner par le médecin même du préfet. Mais voyons, est-ce celui-là qu'on aurait choisi pour faire la guerre au préfet, pour faire du scandale ? non cela est impossible : s'il y a eu scandale, la faute en est à ceux qui auraient pu l'éviter.

Le médecin ordinaire de la prison se rend auprès de Malardier, et Malardier lui déclare qu'il a confiance en lui. On s'empare de cette déclaration et elle devient une arme que l'on oppose aux citoyens Miot et Pellault lorsqu'ils sollicitent la visite du docteur David.

Examinons, et voyons qui joue la comédie.

Malardier, quoi qu'on en dise, est souffrant, ses amis s'en aperçoivent, le préfet ne s'en émeut pas ; il attendait un orage, il connaissait depuis longtemps Miot et Pellault, il savait que Miot est connu pour la fermeté, l'obstination avec lesquelles il poursuit son but. Miot demande des explications, et le préfet persiste à dire que Malardier n'est pas malade, qu'il ne veut pas voir de médecin. « C'est impossible, dit Miot, Malardier m'a dit le contraire, et d'ailleurs cette versatilité d'opinion indiquerait précisément une faiblesse du cerveau.» C'est sur ce terrain que la discussion s'engage au sein du conseil général. La majorité a confiance dans M. le préfet, elle est d'avis que le citoyen Malardier se porte bien. Voilà sa conviction. Eh bien! qu'arrive-t-il ordinairement, quand une majorité se croit bien éclai-

rée, et qu'une minorité veut toujours soutenir son droit et se faire
entendre ? il arrive que la majorité fait du tumulte et que la minorité
est obligée de se taire. C'est précisément ce qui a eu lieu au conseil général de la Nièvre : les citoyens Miot et Pellault ont protesté contre le
régime infligé à Malardier, et la majorité a fait du tumulte. Moi, je
suis de ceux qui pensent qu'on doit toujours écouter un adversaire,
même quand il donne de mauvaises raisons et qu'il emploie des expressions blessantes. Quand j'ai un ennemi, je me sens très-heureux de le
voir se servir de paroles violentes, parce qu'il me semble qu'elles tournent
contre lui ; mais tout le monde n'est pas fait ainsi. Le conseil s'agite
en présence de la protestation de Miot, il veut couvrir sa voix
et pour cela faire plus de bruit que lui, il fait arme de ce qui se
trouve sous sa main, des chaises, des couteaux de bois, et le président lui-même s'écrie : « *Allez chercher les trompettes du régiment* »,
et il imite le bruit de la trompette.

Ce n'est pas moi, ce ne sont pas les prévenus qui font ce récit, c'est
*le journal de la Nièvre.* La séance du conseil avait été publique, elle
pouvait être appréciée librement.

Eh bien ! *le Journal de la Nièvre* a fait le compte-rendu de la séance
du conseil général, et il a défendu le préfet en accusant les citoyens Miot
et Pellault du scandale qui s'était produit ; d'un autre côté les citoyens
Miot et Pellault ne croyaient pas avoir tort, et ils ont attaqué le préfet ;
ils usaient du même droit que *le Journal de la Nièvre.*

Ni l'un ni l'autre ne peut être raisonnablement attaqué.

Maintenant, Messieurs, vous allez voir qu'à cette époque il y a eu parti
pris de déconsidérer les citoyens Miot et Pellault, de les tourner en ridicule, et que quelqu'un a voulu tirer profit de la maladie de Malardier
qui ne pouvait servir en rien au citoyen Miot. Le citoyen Miot a des
ennemis, il a des envieux qui veulent le renverser et se substituer
à lui ; ceux-ci ont intérêt à le déconsidérer, à l'amoindrir, à diffamer
son caractère ; ceux-là avaient intérêt à l'accuser du scandale qui
s'était produit dans le sein du conseil général : ce sont ceux-là qui ont
fait la scène du 31 août, et vous allez voir comment ils en ont rendu
compte dans *le Journal de la Nièvre.*

(Ici le défenseur donne lecture du compte-rendu de la séance du
conseil général, publié dans *le Journal de la Nièvre* ; il établit que le
tumulte y est aussi bien constaté que dans l'écrit poursuivi, et il constate
que la seule différence entre les deux comptes-rendus est que l'on blâme
le préfet et la majorité, tandis que l'autre leur adresse des éloges et fait
retomber le blâme sur la tête des citoyens Miot et Pellault.)

Vous le voyez, Messieurs les jurés, le récit du *Journal de la Nièvre*
est entièrement conforme au nôtre, et cependant il n'est pas poursuivi,

tandis que nous le sommes. Cette différence vient de ce que le premier compte-rendu est de vos amis et que le second n'en est pas ; le premier vous le respectez, le second vous voulez le faire condamner par la cour d'assises ; tout ce qui est de votre opinion est bien, tout ce qui est contre votre opinion est mal : voilà ce que cela veut dire.

Nous blâmons ce que *le Journal de la Nièvre* loue, mais nous sommes d'accord dans le récit des faits ; nous sommes tous les deux dans les limites de notre droit, seulement il y a une différence : c'est que vous voulez condamner notre compte-rendu, et que nous ne voulons pas faire condamner celui du *Journal de la Nièvre*.

Heureusement, la justice n'a pas d'opinion, elle ne cherchera pas si le compte-rendu des citoyens Miot et Pellault peut déplaire au préfet, elle cherchera s'il est faux, et si ces faits faux sont de nature à porter atteinte à l'honneur et à la considération des membres du conseil général de la Nièvre.

On nous accuse d'avoir diffamé ce Conseil général. Mon Dieu ! messieurs les jurés, je crains d'avoir abusé de vos moments en défendant les prévenus contre une telle incrimination ; vos consciences sont éclairées. Une diffamation dont nous serions coupables !! Tenez, je n'ai jamais cru que l'action dirigée contre les citoyens Miot, Pellault et Rouet eût pour but d'obtenir une condamnation. J'ai toujours cru, et les débats me l'ont prouvé, que l'on avait senti le besoin de fournir des explications sur un incident qui s'était passé dans le Conseil général. Je veux croire, et je crois qu'il n'y a eu de comédie jouée d'aucun côté.

Si je voulais faire guerre pour guerre, je pourrais établir quels intérêts politiques s'étaient coalisés pour tirer parti de tout cela contre les citoyens Miot et Rouet ; je pourrais trouver des preuves dans les colonnes mêmes du *journal de la Nièvre*. Je ne le ferai pas ; j'imiterai la réserve des prévenus.

Depuis longtemps ils sont l'objet de diffamations publiques dont ils ne se plaignent pas.

Un jour, par exemple, le *journal de la Nièvre* raconte d'une manière indigne un duel qu'a eu à soutenir le citoyen Pellaut. Voici les pièces qui démontrent que le journal a menti.

Une autre fois, le même journal raconte que lors des troubles qui ont eu lieu à l'occasion de la clandestinité des séances du Conseil général, un repris de justice, de Moulins-Engilbert, le nommé Laguerre, a crié : *à moi Miot !* et il incrimine ainsi que c'était un compatriote et sans doute un ami du citoyen Miot. Or il est certain que ce Laguerre n'était pas de Moulins-Engilbert, et que jamais le citoyen Miot ne l'avait connu. — Voilà comment les partis écrivent l'histoire.

Tout cela indique un parti pris d'amoindrir, de déconsidérer les trois hommes qui sont aujourd'hui prévenus.

J'aime à croire que ces indignes manœuvres ne sont pas arrivées jusques sur ces hauteurs où je veux reconnaître la pureté des intentions. Dans cette affaire, il y a eu loyauté de toutes parts, des convictions opposées qui se sont rencontrées, combattues dans la mesure de leurs droits, qui se sont expliquées librement, franchement.

La majorité du Conseil général de la Nièvre a usé de son droit ; les citoyens Miot, Rouet et Pellault ont usé de leur droit. Des deux côtés on y a mis de la passion, de l'énergie, de l'acrimonie ; des deux côtés aussi on a agi avec une parfaite loyauté ; il ne faut pas venir demander une condamnation en prétendant que les citoyens Miot et Pellault avaient tort et que la majorité du Conseil général avait raison. — Peu importe cela ; la majorité qui a raison n'enlève pas le droit de la minorité qui a tort, il n'en subsiste pas moins ; elle a le droit de dire son opinion, et tant que cette opinion n'altère pas la vérité des faits, elle a le droit de la produire. C'est une liberté qu'il faut conserver aux minorités, car chacun peut être minorité à son tour.

Maintenant, au fond de cela, vous dites qu'on a cherché le scandale à plaisir, et que les citoyens Miot et Pellault n'étaient pas convaincus de ce qu'ils disaient. Je soutiens que non-seulement ils étaient convaincus, mais qu'ils avaient raison ; je soutiens qu'ils avaient bien lu dans l'avenir ; je soutiens que la constitution de Malardier avait reçu des atteintes profondes.

Ce n'est pas sans un sentiment douloureux que j'ai entendu dire par le préfet et par le médecin de la prison, que Malardier, à cette époque, se portait bien, qu'il n'avait eu qu'une indigestion de pêches, que son sommeil était normal. Il y a des gens qui se portent bien et qui sont rongés par une maladie mortelle, qui descendent au tombeau, et qui se portent encore bien ; mais on les examine de près, on voit facilement qu'ils dépérissent. C'est ce qui est arrivé à Malardier. Quelques jours avant sa sortie de prison, la maladie était très violente ; quand il en est parti, il pouvait à peine descendre les marches de la prison, et au bout de quelque temps, un de nos collègues le citoyen Ducoux, venait lui rendre visite, et voici ce qu'il constatait :

« La santé du citoyen Malardier, représentant du peuple, sorti depuis quelques jours de la prison de Nevers, après une année de détention, a donné lieu à des contradictions si étranges, qu'il vous paraîtra sans doute utile de fixer sur ce point l'opinion publique. C'est dans ce but que je vous prie d'insérer les détails suivants, qui, je l'atteste, sont malheureusement de la plus exacte vérité.

« Sur une invitation personnelle et pressante qui m'a été adressée de

Nevers le 23 du courant, je me suis rendu près de Malardier. Quelques instans après mon arrivée, dans la matinée du 24, j'allai visiter notre pauvre ami chez le citoyen Jacob, qui l'a recueilli, et dont la famille se dévoue avec une sollicitude toute fraternelle aux soins qu'exige la position du malade.

« Je le revis dans la journée, en compagnie de l'habile docteur Senelle aux mains duquel il est confié. Dans ces deux longues visites, il ne me fut que trop facile de constater les dangers qui menaçaient l'existence de notre ami. Aux ravages exercés par une maladie chronique, dont le séjour de la prison et les fatigues du régime cellulaire ont développé l'intensité, est venue se joindre une inflammation des organes pulmonaires. Sous la triste influence de cette complication, Malardier languit et s'éteint.

« Dans la journée du 23, les progrès du mal avaient été si effrayants, que l'état du malade parut un moment désespéré. Une réunion de médecins eut lieu, j'ai lu sa délibération et j'ai pu en apprécier la gravité. Grace à une médication intelligente et active, il y avait à mon arrivée une amélioration qui continuait encore lors de mon départ, dans la soirée du 24. Ce jour-là, Malardier avait pu reconnaître un ami et sourire à ses démonstrations affectueuses. Mais cette amélioration, la science pouvait d'autant moins en garantir la durée que la fièvre persistait, que l'affaiblissement, l'épuisement du malade étaient extrêmes, et que des organes importants étaient le siège de l'affection.

« J'ai cru ne pas devoir borner ma mission à cet examen ; j'ai voulu remonter aux causes qui ont pu déterminer ou produire l'état actuel de Malardier. Ces causes, selon moi, sont de deux sortes : les unes éloignées et les autres prochaines.

« Parmi les premières, je place la constitution délicate de Malardier, son tempérament nerveux, impressionnable, qui le rend accessible à un haut degré à toutes les influences extérieures, en même temps que son imagination riche et presque naïve tant elle est pure, l'expose à une vivacité d'émotions qui ne peuvent que ruiner un corps aussi débile que le sien. Il faut mentionner encore la maladie chronique des voies digestives dont j'ai déjà parlé au commencement de cette lettre.

« Au nombre des causes prochaines qui ont déterminé la recrudescence des accidents anciens et l'invasion des accidents nouveaux, il faut comprendre son séjour prolongé dans une cellule étroite, mal exposée, l'isolement dans lequel on a fait vivre Malardier, isolement funeste à tout le monde, et principalement aux hommes qui, comme cet écrivain, ont besoin d'épanchements et de consolations ; il faut surtout comprendre les impressions morales auxquelles a été soumis le prisonnier à travers les divers régimes disciplinaires qu'il a eu à subir.

« J'ai visité la cellule de Malardier. Sa capacité, indépendamment d'une alcove dans laquelle est pour ainsi dire enchâssé le lit du captif, est de 2 mètres carrés de large sur 2 mètres 70 de hauteur. Elle est éclairée en plein nord par une seule fenêtre, garnie extérieurement d'une forte grille en fer, et à l'intérieur d'une barre de fer scellée à une de ses extrémités dans la muraille, et retenue de l'autre par un gros cadenas. Cette fenêtre est en partie condamnée par le tuyau du poêle en fonte qui, avec une planche mobile adossée au mur, compose tout l'ameublement de la cellule, dont le loyer coûtait à Malardier 30 fr. par mois.

« Une pareille disposition rendrait l'habitation prolongée de cette cellule préjudiciable à la santé des hommes les plus robustes. A plus forte raison son séjour a dû être et a été fatal à Malardier. Le prisonnier pouvait quitter sa cellule matin et soir, pendant un laps de temps qui a varié depuis une heure jusqu'à deux heures et demie par jour. Il descendait dans un petit préau également exposé au nord. Le réglement général et particulier des prisons, relatif aux visiteurs du dehors, lui a été appliqué dans toute sa rigueur. Sa famille, pauvre et éloignée de Nevers, ne pouvait le visiter qu'à de très-rares intervalles ; ses nombreux amis de la ville étaient écartés par les textes du réglement, et par l'insensibilité des autorités locales qui avaient le droit d'en adoucir l'exigence.

« Malardier a donc vécu dans un isolement à peu près complet. Il a eu de plus à subir, pendant le cours de sa captivité, quelques sévices dont sa faiblesse et la douceur de son caractère auraient dû le préserver. Le séjour et les fatigues du cachot dans lequel il a été enfermé pendant trois jours, ont opéré sur lui une impression telle que le souvenir seul provoque chez le malade une surexcitation fébrile.

« Le jour de sa sortie, Malardier était dans un état de prostration extrême. Il a eu peine à descendre le premier étage de sa prison, et il a difficilement reconnu quelques amis dévoués qui l'attendaient à la porte. Eh bien ! malgré cet état qui ne pouvait être douteux pour personne, il s'est rencontré à Nevers des gens assez inhumains pour nier ses souffrances. Les feuilles réactionnaires de la Nièvre, et après elles plusieurs journaux de Paris ont affirmé que Malardier était bien portant. A ces impudents détracteurs, qui osent se dire les défenseurs de la religion et de la famille, je pourrais opposer le certificat délivré par quatre particiens de Nevers, au nombre desquels figurent l'inspecteur de la prison et le médecin particulier de M. le préfet. Mais ce que j'ai vu me dispense de recourir à ce témoignage.

« En racontant ce que j'ai vérifié moi-même, j'ai oublié que j'étais l'ami politique et le collègue de Malardier ; je n'ai voulu me rappeler que mon rôle de médecin et d'observateur impartial. J'affirme devant Dieu, et la main sur la conscience, que si la détention de cet écrivain démocrate se fût prolongée de quinze jours dans les mêmes conditions, la prison de Nevers, au lieu d'un moribond, n'eût rendu qu'un cadavre.

« Il faut que le pays sache qu'un Représentant du Peuple, accusé d'un délit de presse qui datait de novembre 1848, avant l'élection de M. Bonaparte, a été abandonné aux poursuites du parquet après les évènements de juin 1849; que ce Représentant du Peuple, condamné à un an de prison, a été traîné de Paris à Nevers, et traité comme un voleur, comme un ennemi de la société. Je n'incrimine les intentions de personne. Je soumets des faits incontestables, sans commentaires, aux méditations de ceux qui ont cru, par respect pour la justice, devoir oublier un instant l'inviolabilité d'un de leurs collègues ; je soumets surtout ces faits à la sagesse et aux réflexions des citoyens qui, dans quelques jours, seront appelés à juger deux autres Représentants du Peuple, les amis et les concitoyens de Malardier, coupables d'avoir trop bien prévu ce que je viens de décrire, et d'avoir trop énergiquement plaidé une cause qui, en France, pays d'honneur et de loyauté, trouvera toujours, quoiqu'on fasse, sympathie et solidarité.

« Agréez, citoyen rédacteur, mes salutations fraternelles.

» Le docteur DUCOUX,

« *Représentant du peuple( Haute-Vienne ).* »

Voilà l'état de Malardier décrit par un médecin, ancien préfet de police, qui a visité le malade avec précaution, et qui a rendu compte de sa visite sans passion aucune.

MM., J'aurais voulu parler moins longtemps. J'étais convaincu que, depuis l'audition des témoins, vos consciences avaient décidé. Mais je devais défendre mes amis, et répondre aux dernières paroles de M. le procureur général.

Je termine comme M. le procureur général: il n'y a pas devant vous des représentants du peuple ni des membres du conseil général; il n'y a que des citoyens qui viennent vous demander justice, ce qu'ils ont fait ils avaient le droit de le faire : ils l'ont fait comme simples citoyens, et ils viennent demander un acquittement.

Comme représentants du peuple et membres du conseil général, ils avaient non-seulement le droit, mais l'obligation de faire ce qu'ils ont fait; ils ont reçu du peuple une mission, celle de défendre partout et toujours avec énergie et vigueur ce qu'ils croient la justice, de protester partout contre ce qu'ils croient l'oppression. Si l'expression de leur pensée est quelquefois violente et passionnée, pardonnez-le à la sincérité et à l'énergie de leurs convictions. Nous sommes dans un temps où nous avons besoin avant tout d'hommes sincères, qui disent ce qu'ils pensent, ce qu'ils sentent, ce qu'ils veulent ; nous sommes dans un temps où tous les voiles doivent tomber, tous les masques se briser. La vérité ne doit effrayer personne ; il faut que toute chose soit éclairée de deux côtés, car il y a deux passions, deux opinions en présence ; il faut que chacune tienne le flambeau pour faire bien juger, car sans cela on ne verrait qu'un côté, que la moitié des choses.

Liberté à vous! liberté à nous! Que tout le monde dise ce qu'il pense, c'est un droit, c'est un devoir. Au milieu de cela, qui décidera dans les grandes questions politiques? Le Peuple.

Il faut que, dans toutes les grandes choses humaines, il y ait le *pour* et le *contre*. Vous avez entendu le ministère public ; vous avez entendu le *journal de la Nièvre* ; vous nous avez entendus ; les citoyens Miot, Rouet et Pellault ont dit la vérité ; vous ne voudriez pas étouffer la vérité ; vous ne voudriez pas condamner des citoyens pour avoir accompli un véritable devoir.

Après le résumé du président, les jurés entrent dans la salle de leurs délibérations, et en sortent bientôt après avec un verdict négatif.

Le président prononce l'acquittement des trois prévenus, et sur l'observation de M<sup>e</sup> Crémieux, la cour ordonne la restitution des exemplaires saisis.

--------

Le verdict qui vient d'acquitter nos amis Miot, Rouet et Pellault, a d'autant plus de signification que la réaction, qui voulait une condamnation à tout prix, n'avait rien épargné pour atteindre son but.

Quelle victoire n'eut-ce pas été pour le parti honnête et modéré, qui a battu des mains à la condamnation de Malardier, que de frapper encore deux représentants du peuple, et de pouvoir humilier en condamnant ses élus cette vile multitude dont on a confisqué les droits!

Quel bonheur pour la réaction, si, pour la satisfaction de la majorité honnête et modérée du conseil général de la Nièvre, on eut pu frapper de déchéance d'un seul coup comme coupables de compte-rendu infidèle et calomnieux, trois membres de la minorité républicaine du conseil!

Si le jury eut apporté un verdict de condamnation, il serait résulté de ce verdict que les citoyens Miot, Rouet et Pellault ont eu tort de se plaindre au conseil général du régime de détention infligé à Malardier, que le conseil général a eu raison en refusant de les entendre, et par suite que la mise au cachot du représentant Malardier et sa séquestration cellulaire n'avait rien eu que de parfaitement légitime; il n'y avait plus après cela qu'à couronner de fleurs M. Petit de la Fosse, et qu'à porter en triomphe la majorité du conseil général!

Voilà pourquoi la réaction attachait tant d'importance au succès; voilà pourquoi, donnant à ce procès des proportions colossales et solennelles, M. le procureur-général était venu en personne essayer sur les jurés le double prestige de sa robe rouge et de son éloquence.

Il paraît, toutefois, qu'au moment de commencer le feu des réquisitoires, on n'avait déjà plus cette confiance dans le succès dont on s'était si long-temps et si tendrement bercé; la composition du jury n'était pas tout à fait ce qu'on avait espéré d'abord; il y eut des moments de doute et de défaillance suprême; beaucoup d'entre les plus zélés de la réaction en étaient venus jusqu'à déplorer ce procès comme une imprudence, et disaient qu'on avait eu tort d'en affronter les chances redoutables, mais on était trop avancé pour revenir sur ses pas, et il ne restait plus qu'à tenter les hasards de la lutte en appelant à son secours le courage du désespoir.

Aussi a-t-il été visible que l'accusation n'avait pas foi en elle-même; elle n'avait pas ces allures triomphantes qu'elle affecte d'ordinaire en pareil cas; elle se sentait frappée de vertige par la conscience de son impuissance et par le pressentiment de sa défaite.

Et pourtant le verdict d'acquittement prononcé par le jury a frappé la réaction de stupeur, comme si ce verdict eût été imprévu, tant il est vrai que dans les situations les plus fatales il y a toujours un repli caché du cœur où l'espérance parvient à se réfugier; aussi la réaction n'a-t-elle su dissimuler ni sa confusion, ni son dépit. Il faut croire que la leçon a été rude : Dieu veuille qu'elle lui profite.

Que dirons-nous de cet appareil inouï de forces militaires étalé à l'occasion de ce procès sur nos places publiques ; de ces charges de cavalerie exécutées contre des citoyens inoffensifs, contre des femmes, contre des enfants? N'eut-on pas dit, à voir ces apprêts de guerre civile, que le tocsin grondait dans les faubourgs, et que la population était en pleine révolte! Quoi de plus imprudent, quoi de plus insensé au milieu d'une cité parfaitement calme que de risquer de semblables manifestations! Que signifient-elles, sinon qu'on est frappé de vertige et de terreur, et qu'on ne connaît pas d'autre moyen pour gouverner les hommes, que de faire de la compression à outrance?

Cet appareil de guerre était parfaitement ridicule et ne pouvait servir qu'à faire naître l'irritation. C'est chose inutile et dangereuse si le peuple est calme, — et s'il est révolté, que peuvent contre lui d'aussi frêles obstacles.

Est-il quelque chose de plus maladroit de la part de l'autorité que d'avoir peur à ce point de la foule? Peut-elle confesser plus haut son impopularité et son impuissance !

L'attitude du peuple a été partout admirable : loin de s'irriter contre les soldats, la foule comprenait bien qu'elle ne pouvait en vouloir à ces frères, obligés d'exécuter, le désespoir dans le cœur, des ordres qu'ils déplorent les premiers, et elle leur témoignait partout une fraternelle sympathie. Aussi n'y a-t-il eu nulle part ombre de résistance.

Mais le cri de : *Vive la République!* sortait à pleine voix de toutes les poitrines. Le peuple éprouvait un sentiment de joie trop profond pour qu'il y eut place dans son cœur aux agitations de la colère : c'était assez pour lui, ce jour-là, de pouvoir saluer le triomphe de ses amis.

L'autorité savait que les citoyens Crémieux et Bac devaient partir par le convoi du soir, et elle avait échelonné des troupes dans la nouvelle rue de l'Abattoir et à tous les abords de l'embarcadère. Une centaine de

citoyens, venus par petits groupes et par des chemins
différents, ont pu seuls assister à leur départ ; mais,
dans les mesures stratégiques que la peur lui avait ins-
pirées, l'autorité avait négligé d'envoyer des troupes
vers le nouveau pont jeté sur la voie entre l'embarcadère
et le pont de Loire. Une foule considérable s'était pré-
cipitée sur ce pont pour y attendre le passage du convoi, et a salué les deux éloquents défenseurs à leur
sortie de l'embarcadère par un immense cri de *vive la
République* !

La journée n'est pas perdue, grace au ciel ! et la
ville de Nevers en conservera longtemps le souvenir.

Michel-Ange PERIER.

( *Extrait du Peuple du 22 février 1851.*)

Nevers — Imp. de Regnaudin-Lefebvre. —1851.

www.ingramcontent.com/pod-product-compliance
Lightning Source LLC
Chambersburg PA
CBHW070827210326
41520CB00011B/2151